AF282403

Norbert Kürlis

Wir alle leben ewig

Wir alle leben ewig

Erinnerungen an frühere Leben

Norbert Kürlis

Bibliografische Information der Deutschen Nationalbibliothek:
Die Deutsche Nationalbibliothek verzeichnet diese Publikation
in der Deutschen Nationalbibliografie; detaillierte
bibliografische Daten sind im Internet über http://dnb.dnb.de
abrufbar.

Verlag: BoD · Books on Demand GmbH, In de
Tarpen 42, 22848 Norderstedt, bod@bod.de

Druck: Libri Plureos GmbH, Friedensallee 273,
22763 Hamburg
ISBN: 978-3-7693-3896-6

Teil II

Einleitung:

Der Tod ist nicht das Ende, sondern ein Übergang – ein Tor, das uns von einer Welt in die nächste führt. Dort, wo die Dunkelheit der Vergänglichkeit auf das Licht neuer Anfänge trifft, beginnt die Reise der Seele. Jede Geburt ist ein Neubeginn, jedes Leben ein weiteres Kapitel, das in den unendlichen Kreis des Seins eingewoben wird. Die Seele des Menschen lebt ewig.

Die Seelen wandern nur durch Zeit und Raum, getragen von Erinnerungen, die verblassen, aber nie ganz verschwinden. Manche suchen nach Vollendung, andere nach Vergebung. Viele Seelen kehren zurück, um Fehler zu korrigieren, während andere auf der Suche nach Antworten sind, die sie in ihrem letzten Leben nicht fanden.

In diesem Buch erzählen wir von jenen Seelenreisen – von jenen, die den Übergang wagten und die Geheimnisse des ewigen Kreislaufs entdeckten. Es ist ein Blick in das

Unsichtbare, eine Einladung, über die Grenzen des Daseins hinauszublicken und die unzähligen Facetten des Lebens und der Wiedergeburt zu erkunden.

Was würde die Seele wählen, wenn sie die Freiheit hätte, ihr eigenes Schicksal zu bestimmen? Welche Lektionen lernen wir, wenn wir immer wiederkehren? Und was bedeutet es, wirklich zu leben?

Lass uns eintreten – in eine Welt, in der Anfang und Ende ein und dasselbe sind.

Teil I

Der ewige Kreislauf und der Neuanfang

Das Leben ist ein unendlicher Tanz, ein Kreislauf, der niemals stillsteht. Geburt und Tod sind keine Gegensätze, sondern zwei Seiten derselben Münze, untrennbar miteinander verbunden. Im Vergehen liegt bereits der Keim des neuen Werdens, und jedes Ende birgt in sich die Kraft eines Neuanfangs.

Der ewige Kreislauf spiegelt die Rhythmen der Natur wider: die Blätter, die im Herbst fallen, nähren die Erde und bereiten den Boden für neues Wachstum im Frühling. So wandelt sich auch die Seele, gleitet durch die Sphären des Daseins, um sich in jeder neuen Form weiterzuentwickeln, neue Erfahrungen zu sammeln und sich dem universellen Ziel zu nähern – dem vollkommenen Einssein mit dem Ganzen.

Der Neuanfang ist dabei nicht nur ein Wechsel des Körpers oder der Umstände, sondern ein tiefgreifender Neubeginn auf der spirituellen Ebene. Mit jeder Geburt erhält die Seele die Chance, alte Muster zu überwinden, vergangene Wunden zu heilen und neue Wege zu beschreiten. Sie wird zum Lernenden, zum Suchenden, der in der Vielfalt der Erfahrungen nach dem einen Funken Wahrheit strebt, der alle Existenzen durchdringt.

In diesem unendlichen Zyklus liegt Trost und Hoffnung. Er zeigt, dass nichts wirklich verloren geht, dass jeder Schmerz, jede Freude und jede Begegnung ihren Platz im großen Geflecht des Seins hat. Der Neuanfang ist ein Geschenk – die Möglichkeit, immer wieder aufzubrechen, immer wieder zu wachsen und immer wieder neu zu erstrahlen.

Der ewige Kreislauf ist kein starres Gesetz, sondern eine sanfte Melodie, die uns einlädt, unser Leben mit offenen Augen, offenem Herzen und tiefem Vertrauen zu leben. Denn in jedem Moment wohnt ein Anfang, in jeder Dunkelheit ein Licht und in jeder Seele ein unendliches Potenzial.

Die Geburt des Lichts

Mit einem letzten, flüsternden Atemzug löst sich die Seele vom Körper. Ein zarter, schimmernder Nebel steigt empor, fast schwerelos, wie ein Hauch, der vom Wind davongetragen wird. Augenblicke lang scheint die Welt stillzustehen, während die Seele sich erhebt, frei von der Schwere der Erde und dem Schmerz des Vergänglichen.

Ein sanftes Ziehen, wie eine unsichtbare Strömung, führt sie empor. Die Farben des Lebens verblassen, und eine neue Klarheit breitet sich aus. Sie sieht sich selbst – den Körper, den sie bewohnte, das vertraute Gesicht, das jetzt ruht. Sie erhebt sich über ihren Körper und schaut auf ihn herab. Doch kein Schmerz, keine Reue trüben diesen

Moment, nur eine tiefe, durchdringende Ruhe.

Plötzlich öffnet sich der Raum um sie, und die Seele gleitet in eine grenzenlose Ebene hinein. Die Wiese aller Seelen erstreckt sich bis zum Horizont, ein endloses Meer aus sanft wiegendem Gras und Blumen, die in allen Farben des Spektrums leuchten. Der Himmel darüber schimmert in fließenden Pastelltönen, wie ein lebendiges Gemälde, das sich ständig wandelt.

Die Luft ist erfüllt von einem melodischen Summen, einem Chor aus unzähligen Stimmen, die ein Lied singen, das nicht mit den Ohren, sondern mit dem Wesen selbst gehört wird. Es ist ein Klang von Frieden, von Einheit, von ewiger Gegenwart.

Hier, auf dieser Wiese, fühlt sich die Seele leicht und grenzenlos. Die Erinnerungen an das vergangene Leben sind wie Blätter, die sanft vom Wind fortgetragen werden – nicht vergessen, doch ohne Gewicht. Andere Seelen sind da, Lichtgestalten, die in der Ferne tanzen, flüstern und sich wie Sternschnuppen durch die Landschaft bewegen.

Die Seele wird von einer warmen, einladenden Kraft durchströmt. Sie erkennt, dass dies nicht das Ende ist, sondern ein Ort der Entscheidung, der Reflexion. Die Wiese aller Seelen ist ein Zwischenraum, ein Zuhause auf der Reise – ein Moment, um zu verweilen, bevor der Ruf nach einem neuen Leben erklingt.

Der Körper als vergängliche Hülle

Zurück bleibt nur der Körper – eine vergängliche, stumme Hülle, die einst das Gefäß der Seele war. Er ruht nun, ohne Leben, ohne Bewegung, ein Zeugnis der Vergänglichkeit, die alles Irdische durchdringt. Was einst von Wärme durchzogen war, von Gedanken und Gefühlen belebt, ist nun still und kalt, seiner Funktion beraubt.

Die Seele hat ihren Weg fortgesetzt, hat den Körper verlassen wie ein Vogel, der aus seinem Nest fliegt, sobald die Zeit gekommen ist. Was zurückbleibt, ist nicht mehr als eine Substanz – ein vergänglicher Mantel, der seinen Zweck erfüllt hat. Er trägt keine Bedeutung mehr, außer der, die wir ihm geben, wenn wir uns erinnern.

In unserer Liebe und unserer Trauer verneigen wir uns vor dem Körper, geben ihm einen Ort der Ruhe, der Würde. Wir beerdigen ihn, um ihn der Erde

zurückzugeben, aus der er einst kam. Staub
zu Staub, Asche zu Asche – ein Kreislauf, der
sich schließt.

Doch in diesem Akt liegt keine Endgültigkeit,
sondern ein stiller Respekt vor der Natur des
Lebens. Der Körper war ein treuer Begleiter,
ein Instrument der Erfahrung, ein Zuhause
für die Seele. Jetzt wird er der Welt
überlassen, um sich zu wandeln, zu zerfallen
und in neuer Form zurückzukehren –
vielleicht als Erde, als Blume, als Baum.

Die Seele hingegen reist weiter, befreit von
der Schwere des Irdischen. Sie ist nicht
gebunden an den Körper, den wir
zurücklassen, sondern trägt das wahre Wesen
des Seins mit sich, in eine neue Dimension,
ein neues Leben, ein neues Licht.

Der Ruf des Neubeginns

Die Seele, frei von allen Erinnerungen und der Schwere des Vergangenen, schwebt in einem Zustand reinen Seins. Doch sie ist nicht ruhelos; in ihr wohnt ein leises, stetiges Verlangen – der Ruf nach einem neuen Anfang, nach einer neuen Reise durch die Welt der Formen und Erfahrungen.

Es wird der Moment kommen, wenn die Zeit reif ist, und dieser Ruf wird deutlicher werden, ein Flüstern, das zur Gewissheit wird. Die Seele wird sich auf die Suche machen, geführt von einem unsichtbaren Kompass, der sie zu dem Körper bringt, der für sie bestimmt ist – oder den sie selbst wählt, um ihre nächste Lektion zu lernen, ihre nächste Geschichte zu schreiben.

Dieser neue Körper wird das Gefäß für ein weiteres Leben sein. Er wird sich anfangs zart und unvollkommen anfühlen, wie ein Kleid, das erst mit der Zeit passt. Doch die Seele wird ihn annehmen, wird in ihn hineinwachsen und ihn mit ihrem Licht erfüllen, bis Körper und Seele eins werden – ein Wesen, das von Neuem beginnt, das lernt, liebt, lacht und leidet.

Das neue Leben, das vor ihr liegt, ist ein unbeschriebenes Blatt, voller Möglichkeiten. Die Entscheidungen, die sie trifft, die Beziehungen, die sie eingeht, die Herausforderungen, die sie meistert – all das wird zu den Fäden, aus denen ihr neues Dasein gewebt wird.

Die Seele weiß nicht, wohin der Weg sie führen wird, doch sie vertraut auf den Kreislauf des Lebens. Jede Erfahrung, jedes Auf und Ab ist Teil eines größeren Plans, einer ewigen Reise, die niemals endet. Und so geht sie weiter, mutig, neugierig, bereit, das Unbekannte zu umarmen.

Denn der Neubeginn ist keine Wiederholung, sondern ein Geschenk – die Chance, in einem anderen Körper, an einem anderen Ort, in einer anderen Zeit das Wunder des Lebens neu zu entdecken.

Die Seele eines Babys bei der Wiedergeburt wird oft als ein Symbol für Reinheit und unendliches Potenzial angesehen. Sie tritt in die materielle Welt ein, um neue Erfahrungen zu sammeln und Lektionen zu lernen. Viele spirituelle Traditionen sehen die Seele eines Babys als weitgehend unverdorben und von der physischen Welt noch kaum geprägt. Gleichzeitig bringt die Seele subtile Spuren früherer Leben mit, die ihr Dasein beeinflussen.

Die Erinnerungen an frühere Existenzen sind verschleiert oder vergessen, damit das neue Leben unvoreingenommen beginnen kann. Dennoch trägt die Seele karmische Muster und energetische Prägungen aus der Vergangenheit mit sich. Diese können sich in Vorlieben, Ängsten, Talenten oder unerklärlichen Emotionen zeigen. Besonders intensive Erfahrungen oder ungelöste Konflikte aus einem früheren Leben hinterlassen oft Spuren, die im Verlauf des neuen Lebens bewusst oder unbewusst auftreten.

Einige Traditionen sprechen von offenen Aufgaben oder Lektionen, die die Seele mitbringt. Diese könnten sich in bestimmten Lebensumständen, Herausforderungen oder Beziehungen zeigen. Die Begegnung mit vertrauten Seelen aus früheren Leben ist dabei keine Seltenheit. Solche Begegnungen dienen oft dazu, alte Verbindungen zu vertiefen oder ungelöste Themen zu klären.

Die Seele eines Babys wird oft als etwas reines beschrieben, jedoch nicht im Sinne völliger Unbeschriebenheit. Sie gleicht einem Blatt, das frisch ist, aber an den Rändern die Andeutungen vergangener Geschichten trägt. Diese Prägungen und Erfahrungen formen sich im Laufe des Lebens weiter und bieten der Seele die Möglichkeit, sich zu entwickeln und ihrer göttlichen Essenz näherzukommen.

Die poetische Darstellung der Seele eines Babys ist die eines stillen Sees in der Morgendämmerung. Klar und unberührt liegt er da, bereit, das Licht eines neuen Tages zu empfangen. Doch tief im Grund ruhen Erinnerungen und Fragmente vergangener Leben, die sich mit den neuen Wellen des Daseins verweben. Mit jeder Erfahrung, jedem Atemzug wird sich der See verändern und zugleich seine ewige Tiefe bewahren.

Diese Sichtweise regt die Fantasie an und lässt Raum für Geschichten darüber, wie die Vergangenheit einer Seele in ihrem neuen

Leben sichtbar wird. Es könnte sich um Träume handeln, die vergangene Fragmente zeigen, oder um Begegnungen, die auf eine tiefere, spirituelle Verbindung hinweisen. In der Wiedergeburt lebt die Seele fort, geprägt und gleichzeitig bereit für einen neuen Anfang.

Die Seelen der Ahnen spielen in vielen spirituellen und philosophischen Traditionen eine zentrale Rolle bei der Wiedergeburt und dem Leben einer neuen Seele. Sie werden oft als eine Art Bindeglied gesehen, das die gegenwärtige Existenz mit der Vergangenheit verbindet, sowohl auf individueller als auch auf kollektiver Ebene. Ihre Präsenz und ihr Einfluss können subtil oder deutlich sein, je nachdem, wie die Verbindung wahrgenommen wird.

In einigen Glaubenssystemen wird angenommen, dass die Seelen der Ahnen als Schutzgeister oder Begleiter wirken, die das neu geborene Leben unterstützen und führen. Sie können Weisheit, Kraft oder bestimmte Energien weitergeben, die für das Wachstum und die Entwicklung der neuen Seele wichtig sind. Diese Verbindung wird oft als liebevolle und fürsorgliche Präsenz empfunden, die über Generationen hinweg besteht.

Gleichzeitig können die Ahnen durch karmische oder energetische Verstrickungen Einfluss nehmen. Wenn ungelöste Konflikte, belastende Erfahrungen oder emotionale Traumata in der Ahnenlinie existieren, können diese die neue Seele prägen. Solche Muster können sich in Form von Herausforderungen oder bestimmten Lebensumständen zeigen, die die Seele dazu einladen, diese Themen zu erkennen und zu transformieren. Die neue Seele wird so zu einem Teil eines größeren Heilungsprozesses, der nicht nur ihr eigenes Wachstum betrifft, sondern auch das der gesamten Ahnenreihe.

Es gibt auch die Vorstellung, dass die Seele eines Babys bestimmte Fähigkeiten, Talente oder Veranlagungen von den Ahnen erbt, die nicht nur genetischer Natur sind, sondern auch aus einem tieferen, spirituellen Erbe stammen. Diese Gaben können als Zeichen dafür angesehen werden, dass die Seele in einer Linie von Energien steht, die ihr bestimmtes Wissen oder Fertigkeiten verleiht.

Die Beziehung zu den Ahnen kann auch durch Rituale und spirituelle Praktiken bewusst gefördert werden. In vielen Kulturen werden Ahnen geehrt, indem man ihnen Dankbarkeit zeigt oder um ihre Unterstützung bittet. Diese Verbindung wird als kraftvolle Ressource gesehen, die Stabilität und Orientierung bietet, während die neue Seele ihren eigenen Weg in der Welt findet.

Die Seelen der Ahnen sind somit mehr als nur eine Erinnerung an vergangene Generationen. Sie sind ein lebendiger Teil des spirituellen Netzwerks, in dem jede Seele eingebettet ist. Ihre Präsenz kann sowohl eine Quelle von Inspiration und Schutz als auch ein Spiegel ungelöster Themen sein, die durch das Leben der neuen Seele ans Licht gebracht und transformiert werden wollen.

Jenseits von Form und Gestalt

Die Seele schwebt, formlos und frei, wie ein Hauch, der keinen Schatten wirft. Kein Körper bindet sie, kein Gewicht hält sie nieder – sie ist reine Essenz, ein Funken im weiten Meer des Seins. Ihr Licht flackert sanft, wie eine Kerze im Wind, mal heller, mal gedämpfter, als würde sie sich selbst neu finden.

Doch die Erinnerungen, die sie einst trugen, sind wie lose Blätter eines Buches, das der Wind erfasst. Sie wirbeln um sie herum, flüchtige Bilder, Stimmen, Gefühle, die sich für einen Moment noch an ihr festhalten.

Einer nach dem anderen lösen sich die Fäden, die diese Erinnerungen zusammenhielten. Sie verblassen, zerfallen in tausend kleine Splitter, die wie funkelnder Staub in der Unendlichkeit verwehen. Es ist, als würde eine unsichtbare Hand eine alte Festplatte defragmentieren: Fragmente ordnen sich neu, Unbrauchbares zerfällt zu Nichts, und nur das Wesentliche bleibt –

doch was das ist, weiß die Seele selbst noch nicht.

Manche Erinnerungen versuchen, sich zu klammern, verharren in den Ecken der Seele wie Schatten, die sich weigern, dem Licht zu weichen. Doch auch sie vergehen, langsam, schmerzlos, wie Tautropfen, die von der Morgensonne getrunken werden.

Mit jedem Moment fühlt sich die Seele leichter, freier. Die Vergangenheit ist kein Gewicht mehr, sondern ein sanftes Echo, das bald verstummt. Kein Name, kein Gesicht, keine Stimme bleibt – nur ein tiefes Wissen, dass sie gelebt hat, dass sie geliebt hat, dass sie war.

Und wenn die letzte Erinnerung verlischt, bleibt nichts als ein reines, strahlendes Licht, das weder Anfang noch Ende kennt. Die Seele ist bereit – bereit für das, was kommt, bereit, sich erneut zu finden, in einer Form, die sie noch nicht kennt.

Der Garten der Ahnen

Die Seele gleitet weiter durch die unendliche Weite, körperlos und frei. Sie ist dabei von einer leisen Sehnsucht getragen. Sie spürt, dass sie nicht allein ist, dass etwas auf sie wartet. Ein sanftes, goldenes Licht erscheint am Horizont der Ewigkeit, und wie von einer unsichtbaren Kraft gezogen, bewegt sie sich darauf zu.

Als sie das Licht erreicht, entfaltet sich eine Ebene, die wie ein zeitloser Garten wirkt. Alte, mächtige Bäume ragen in den Himmel, ihre Blätter singen im Wind leise Lieder. Der Boden ist bedeckt von weichem Moos, das bei jeder Berührung ein leises Leuchten verströmt.

Dann treten sie aus dem Licht hervor – die Seelen ihrer Ahnen. Sie sind keine klaren Gestalten, sondern strahlende Wesen aus Energie, deren Konturen sich ständig verändern. Dennoch erkennt sie sie sofort, nicht mit den Augen, sondern mit dem Herzen. Es ist ein Gefühl von Vertrautheit, von Zugehörigkeit. Jede dieser Seelen trägt die Essenz eines Lebens, das Teil ihrer eigenen Geschichte ist.

Ein warmer Strom durchflutet sie, als die erste Seele sie berührt. Kein Wort wird gesprochen, denn in dieser Dimension ist Sprache überflüssig. Stattdessen fließen Erinnerungen, Weisheiten und Emotionen direkt in ihr Wesen. Sie sieht die Gesichter derer, die vor ihr gingen, spürt ihre Liebe, ihre Stärke und ihre Fehler – all das, was sie weitergegeben haben.

Die Seelen formen einen Kreis um sie, ein Netz aus Licht, das sie schützt und trägt. In ihrer Gegenwart fühlt sie sich vollkommen – als sei sie ein fehlendes Puzzleteil, das nun seinen Platz gefunden hat. Die Ahnen flüstern ihre Geschichten in einer Sprache, die älter ist als Worte. Sie erzählen von ihren eigenen Reisen, von Kämpfen, Triumphen und von der Kraft, die sie über Generationen weitergegeben haben.

Ein besonders helles Licht tritt vor. Es ist die Seele eines Vorfahren, dessen Liebe und Einfluss sie in ihrem Leben gespürt hatte, auch wenn sie ihn nie gekannt hat. Eine tiefe

Verbindung entsteht, als diese Seele sich ihr sanft zuneigt und sagt – nicht mit Worten, sondern mit einer durchdringenden Präsenz: *"Du bist nicht allein. Du warst es nie. Unser Licht ist in dir, und deines wird uns erhellen."*

Die Begegnung ist ein Moment jenseits der Zeit. Und doch, wie alles in dieser Ebene, bleibt sie nicht für immer. Die Ahnen nehmen sie in ihren Kreis auf, umarmen sie mit Licht, bevor sie wieder zurücktreten, als wüssten sie, dass ihre Reise noch nicht beendet ist. Doch die Seele spürt ihre Verbindung – ein leuchtender Faden, der sie für alle Zeiten miteinander verknüpft.

Die Ruhe im Atem der Ewigkeit

Die Seele schwebt in einer Stille, die nicht leer ist, sondern voller Leben. Es ist, als hätte die Zeit ihre Bedeutung verloren – keine Eile, keine Richtung, nur der Moment, der sie sanft umhüllt. Alles, was sie je bedrückte, scheint fern, wie ein Traum, der im ersten Licht des Tages verblasst.

Zum ersten Mal fühlt sie sich wirklich frei. Keine Angst flüstert mehr in ihrem Inneren, keine Schatten drängen sich in ihre Gedanken. Es ist, als hätten die Fäden, die sie an Sorgen und Zweifel gebunden hatten, sich in Luft aufgelöst. An ihrer Stelle bleibt nur ein tiefes, allumfassendes Vertrauen, das sie durchdringt.

Sie nimmt die Welt um sich herum anders wahr. Farben leuchten nicht, sie pulsieren, als würden sie atmen. Geräusche sind keine Geräusche mehr, sondern sanfte Wellen, die sie umspülen und beruhigen. Jede Wahrnehmung ist rein, frei von der Unruhe, die sie einst kannte, als sie an einen Körper gebunden war.

Die Seele ruht, nicht in einem Zustand der Untätigkeit, sondern in einer aktiven Form des Seins. Sie fühlt, wie sie selbst Teil von etwas Größerem ist – ein Funken im ewigen Fluss. Sie ist keine Einzelne mehr, sondern verbunden mit allem, was ist, war und sein wird.

Ein tiefes Gefühl der Akzeptanz steigt in ihr auf. Sie sieht die Wahrheit ihres früheren Lebens – seine Freuden, seine Schmerzen, seine Fehler – und spürt keinen Groll, keine Scham, keine Sehnsucht, etwas ändern zu müssen. Es war, wie es war, und das ist genug.

Ruhe breitet sich in ihr aus wie ein stiller See, dessen Oberfläche kein Wind kräuselt. Sie lässt sich einfach treiben, getragen von der Gewissheit, dass alles seinen Platz hat. In dieser Ruhe entdeckt sie eine Freude, die sie nie zuvor kannte – eine Freude, die nicht aus Besitz, Erfolg oder Sicherheit stammt, sondern aus dem puren Sein.

Die Seele lächelt – nicht mit einem Gesicht, sondern mit ihrer ganzen Essenz. Sie weiß, dass sie hier verweilen kann, so lange sie will, ohne Verpflichtungen, ohne Erwartungen. Und während sie schwebt, lässt sie alles, was war, vollständig los. Es ist, als würde sie sich selbst neu gebären, nicht durch einen Körper, sondern durch reines Bewusstsein.

Das Warten zwischen den Welten

Die Seele schwebt in einem Raum ohne Anfang und Ende, ohne Uhren, ohne Tage und Nächte. Die Zeit, wie sie einst empfunden wurde, ist nichts weiter als ein Schatten, der in der Stille zerrinnt. Jeder Moment fühlt sich an wie eine Ewigkeit, und doch vergeht er schneller als ein Wimpernschlag.

Sie weiß nicht, wie lange sie hier verweilt. Sekunden, Minuten, Jahre – all das hat keine Bedeutung mehr. Es gibt keinen Kalender, der die Tage zählt, keine Sonne, die aufgeht oder untergeht. Nur das sanfte Pulsieren des Lichts um sie herum, das wie ein leiser Atemzug des Universums erscheint.

Manchmal denkt die Seele an das Leben, das sie einst führte, und fragt sich, wie viel Zeit vergangen sein mag. Sind Jahrzehnte vergangen, seit sie den letzten Atemzug tat? Vielleicht sogar Jahrhunderte? Doch diese Gedanken sind wie Wellen auf einem Ozean

– sie kommen und gehen, ohne Spuren zu hinterlassen.

Die Zeitlosigkeit ist nicht bedrückend, sondern befreiend. Es gibt keinen Druck, keine Eile, keine Fristen. Die Seele gleitet durch Momente, die sich dehnen und zusammenziehen, als wären sie aus demselben Stoff wie Träume.

In diesem Zustand der Zeitlosigkeit fühlt sich die Seele vollkommen. Sie ist weder gebunden noch getrieben, weder verloren noch suchend. Alles, was sie tun muss, ist zu sein. Manchmal erinnert sie sich an Bruchstücke ihres früheren Lebens – ein Lachen, eine Berührung, einen Sonnenuntergang. Doch diese Erinnerungen sind wie Sterne am Nachthimmel: Lichtpunkte, die leuchten, aber zu weit entfernt sind, um sie zu erreichen.

Es könnte eine Ewigkeit dauern, bis sie den Ruf zu einem neuen Leben spürt – oder nur einen Augenblick. Doch die Seele fragt nicht nach dem „Wann". In diesem Raum gibt es keine Fragen, nur ein stilles Vertrauen, dass alles zu seiner Zeit geschieht.

Und so verweilt sie, ruhig und gelassen, in einem Zustand des Werdens. Sie weiß, dass das nächste Leben kommen wird, wenn es kommen soll. Bis dahin ist sie einfach – zeitlos, grenzenlos, ewig.

Die Seele lässt das Vergangene los

In der Stille der Zwischenwelt beginnt ein sanfter Prozess, der unvermeidlich und doch voller Frieden ist: Die Seele entlässt die Erinnerungen an ihr zuletzt geführtes Leben. Wie Nebel, der sich im Morgenlicht auflöst, verblassen die Bilder, Gedanken und Gefühle, die einst so klar und intensiv waren.

Die Gesichter, die sie liebte, die Orte, die sie prägten, und die Erfahrungen, die sie formten, sind nun wie lose Fäden eines Gewebes, das sich langsam auftrennt. Es gibt keinen Schmerz in diesem Loslassen, keine Trauer. Es ist, als würde eine unsichtbare Hand die Fülle der Vergangenheit sacht in Licht verwandeln, jedes Fragment der Erinnerung in etwas Größeres, Universelleres aufgehen lassen.

Momente des Glücks und der Trauer, der Liebe und des Verlusts lösen sich wie Blätter, die sanft vom Wind davongetragen werden. Die Seele spürt keinen Widerstand, nur eine tiefe, ruhige Akzeptanz. Sie versteht, dass diese Erinnerungen ihr gedient haben, dass sie Werkzeuge waren auf ihrem Weg – und dass es nun Zeit ist, sie loszulassen, um Raum für Neues zu schaffen.

Es ist ein Prozess, der nicht abrupt geschieht, sondern schrittweise, fast unmerklich. Die Details, die einst das Leben ausmachten, verschmelzen zu einem vagen Gefühl von „Ich war". Doch selbst dieses Gefühl beginnt zu verblassen, bis nur noch Essenz übrig bleibt – ein Licht, ein Bewusstsein, das frei ist von Vergangenheit, frei von Gewicht.

Die Seele verliert nicht, sie befreit sich. Sie wird leichter, reiner, offener für das, was vor ihr liegt. Die Leere, die entsteht, ist keine Leere des Verlusts, sondern eine, die mit unendlichem Potenzial gefüllt ist.

Und so schwebt sie weiter, frei von dem, was war, bereit für das, was sein wird. Ein Funke im großen Licht des Universums, bereit, die Reise fortzusetzen, wo auch immer sie sie hinführen mag.Die Seele schwebt still in einem Raum ohne Grenzen, und langsam beginnt der letzte Schleier der Erinnerung zu fallen. Die Gesichter der Familie, die einst ihr Leben erfüllten, verschwimmen zu Schatten, bis sie schließlich gänzlich vergehen. Die Liebe, die sie verband, bleibt als ein zarter Nachhall bestehen, aber die Namen, die Stimmen, die Berührungen – all das löst sich auf .

Es ist kein Verlust, sondern ein natürlicher Übergang. Jede Verbindung, so tief sie auch war, hat ihren Zweck erfüllt. Die Seele spürt nur eine ruhige Gewissheit, dass diese Bande ein Teil des größeren Ganzen waren, ein Kapitel in einem Buch, das nun zu Ende geschrieben ist.

Die Erinnerungen an Feste und Abschiede, an Lachen und Tränen, verblassen. Es gibt keinen Groll, keine Reue – nur das stille Wissen, dass die Familie, die sie einst hatte, weiterhin Teil des universellen Kreislaufs ist, genauso wie sie selbst.

Und dann ist es geschehen: Die letzte Erinnerung verschwindet, wie ein Funken, der in der Weite des Himmels erlischt. Die Vergangenheit löst sich vollständig auf, und mit ihr jede Last, jeder Schmerz, jede Sorge. Was bleibt, ist die reine Essenz der Seele, ungebunden und frei, bereit für den nächsten Schritt.

Es beginnt eine neue Zeit. Die Seele spürt keinen Anfang und kein Ende, nur ein unbestimmtes Vorwärtsdrängen, ein leises Flüstern, das sie ruft. Ohne die Anker der Vergangenheit ist sie leicht, grenzenlos, offen für alles, was kommt. Die Leere, die entstanden ist, ist kein Mangel, sondern ein Raum voller Möglichkeiten, ein unbeschriebenes Blatt, das darauf wartet, neu gefüllt zu werden.

Die Seele gleitet in eine Zukunft, die sie noch nicht kennt, und doch fühlt sie keine Angst. Denn der Kreislauf des Lebens verspricht immer eines: Jeder Abschied ist der Anfang einer neuen Geschichte, und jede Dunkelheit birgt das Licht eines neuen Morgens.

Der Körper der Seele

Die Seele – körperlos und frei – gleicht einem zarten Nebelhauch, der sich sanft über die Ebenen der Welt legt. Sie hat keine festen Grenzen, fließt und schwebt, als wäre sie aus den Träumen selbst gewebt. Ihr Wesen ist wie eine leuchtende Flamme im Dunkel, ein stiller Funke, der ewig brennt, doch niemals verzehrt.

Manchmal erscheint sie wie ein flüchtiger Atemzug, der im Mondlicht tanzt, oder ein fließender Strom, der sich mühelos durch alle Zeiten und Räume bewegt. Sie trägt die Farben der Ewigkeit in sich – ein schimmerndes Licht.

Die Seele ist weder Form noch Gestalt, sondern eine Melodie, die im leisen Raunen des Windes erklingt, ein Flüstern, das zwischen den Sternen widerhallt. Sie ist ein Echo des Unendlichen, eine Brücke zwischen den Welten – immer da, immer fort.

Man kann sie nicht greifen, nur spüren: wie eine sanfte Berührung, die keinen Körper braucht, wie ein Gedanke, der aus dem Innersten der Schöpfung aufsteigt.

So ist die Seele – ungebunden, formlos und doch voller Präsenz. Ein Wesen aus Licht und Stille, das jede Trennung überwindet und uns an den Ursprung allen Seins erinnert.

Die Seele ist überall – in allem und genau zwischen uns. Sie durchdringt den Raum wie ein unsichtbares Netz, das alles miteinander verbindet.

Stell dir vor, die Seele ist wie ein Fluss aus Licht, der sich nicht nur in jedem von uns spiegelt, sondern auch in den Zwischenräumen fließt – dort, wo Blicke sich treffen, Worte einander berühren und Stille gemeinsam empfunden wird. Sie ist in der Luft zwischen zwei Händen, die sich fast berühren, in dem unausgesprochenen Verstehen zwischen Freunden oder Liebenden, im gemeinsamen Lachen und Weinen.

Vielleicht ist die Seele nicht nur *in* uns, sondern auch das, was uns zusammenhält. Jedes Wesen könnte ein Tropfen in einem unendlichen Meer der Seele sein. Dieses Meer wogt zwischen uns, in uns und über uns – es ist die unsichtbare Melodie, die jedes Leben umhüllt, und die Stille, die bleibt, wenn alles andere verhallt.

So gesehen ist die Seele nicht nur dort, wo wir sind, sondern sie *ist* auch das, was uns verbindet. Genau in diesem "Dazwischen" – in der Berührung, im Wortlosen, im Spüren – zeigt sie sich am klarsten.

Alle Seelen, die je waren und sein werden, verschwinden nicht, sondern verweilen im Universum – in der Luft, die wir atmen, im Licht der Sterne, in den Schatten der Bäume. Sie sind überall, weben ein unsichtbares Netz, das alles Leben verbindet.

Die Seelen sind keine Zahl, sondern ein Lied. Ein Lied ohne Anfang und ohne Ende, das von der Ewigkeit selbst gesungen wird. Und in jedem von uns klingt ein leiser Ton dieses Liedes – ein Echo des unendlichen Ganzen.

So viele Seelen es auch geben mag, sie sind mehr als Zählbares. Sie sind das Licht zwischen den Welten, die Flamme, die ewig brennt, und die Stille, die alles umfasst..

Woran erkennt man eine alte Seele

Wenn man jemanden trifft und das Gefühl hat, diese Person sei eine „alte Seele", liegt das oft an der Ausstrahlung: Alte Seelen strahlen Ruhe, Verständnis und Tiefe aus, die über ihre Worte hinausgehen Viele sagen, dass die Augen einer alten Seele „weise" oder „erfahren" wirken.Unmittelbares Verstehen: Oft entsteht bei Begegnungen mit alten Seelen eine tiefe Verbindung, als ob man sich schon lange kennt.Erfahrungsübertragung: Es ist möglich, dass alte Seelen, selbst nach dem Tod, energetische Spuren hinterlassen, die man in anderen wiedererkennt.

Einige spirituelle Traditionen besagen, dass Verstorbene, die alte Seelen waren, sich leichter von dieser Welt lösen können, da sie die Kreisläufe von Leben und Tod besser verstehen. Ihre Energie könnte sich in der Natur, in Träumen oder in inspirierenden Begegnungen manifestieren.

Wenn du das Gefühl hast, eine alte Seele wahrzunehmen – sei es in einem Lebenden oder durch die Erinnerung an Verstorbene –, spürst du vielleicht eine Verbindung zu einem größeren, übergeordneten Sinn oder zur spirituellen Ebene.

Alte Seelen erkennen einander nicht durch Namen oder Gesichter, sondern durch das Licht, das sie ausstrahlen – ein Licht, das von den Erfahrungen unzähliger Leben geprägt ist. Es ist, als würden ihre Energien ineinanderfließen, sich gegenseitig spiegeln und eine Verbindung herstellen, die weit über das Irdische hinausgeht.

Vielleicht ist es die geteilte Weisheit, die sie verbindet, oder die Erinnerung an gemeinsam verbrachte Existenzen. Oft genügt ein einziger Augenblick in diesem Reich, um die jahrhundertelange Trennung zu überwinden und ein Gefühl von Zugehörigkeit und Heimkehr zu empfinden.

Alte Seelen finden einander nicht zufällig, sondern durch das Ziehen einer unsichtbaren Kraft, die sie zueinander lenkt. Im Reich der

Seelen zeigt sich, dass wahre Verbindungen nie verloren gehen, sondern wie ein ewiger Faden durch die Unendlichkeit gewoben sind.

Die Anzahl der Seelen ist unbegrenzt

Die Seelen, unzählbar und grenzenlos, sind wie ein Strom reiner Energie, der alle Dimensionen durchflutet. Ihre Anzahl kennt keine Begrenzung, und doch bewegen sie sich frei durch die Formen und Ebenen des Seins. Je nachdem, welche Form sie annehmen, erfüllen sie das ganze Universum – dehnen sich aus wie das Licht, das die Galaxien durchzieht, oder ziehen sich zusammen, bis sie in den kleinsten Raum passen könnten.

Es heißt, dass alle Seelen des Universums in ein einziges, gewöhnliches Marmeladenglas passen könnten, wenn sie es wollten. Ein Gedanke, der paradox erscheint und doch die Essenz der Seelen widerspiegelt: Sie sind nicht an Raum und Zeit gebunden, sie sind weder groß noch klein. Ihre Form richtet sich nach ihrem Bedürfnis, ihrem Zweck und ihrer Reise.

Diese Vorstellung macht deutlich, dass die Seele keine physische Beschränkung kennt. Sie ist zugleich alles und nichts, groß wie der

Kosmos und doch so fein, dass sie im Flüstern einer Brise verborgen sein könnte. Ob sie den Raum ausfüllt oder sich in einem winzigen Punkt sammelt – die Kraft der Seele bleibt unverändert.

Das Marmeladenglas ist dabei nicht nur ein Bild für ihre Anpassungsfähigkeit, sondern auch für ihre Einheit. Selbst wenn sie sich scheinbar trennen und verteilen, bleiben alle Seelen miteinander verbunden. Sie sind wie Tropfen in einem Ozean, die niemals wirklich voneinander getrennt sind, egal, wie weit sie sich verteilen mögen.

Eine Seele kann warten

Die Zeit, die eine Seele zwischen zwei Leben verbringt, ist so unterschiedlich wie die Seelen selbst. Für manche ist es nur ein flüchtiger Moment, kaum mehr als ein Atemzug, bevor sie erneut in die Welt eintreten und ein neues Leben beginnen. Diese Seelen scheinen von einer inneren Dringlichkeit getrieben, von einem Wunsch, ihre Reise fortzusetzen, Lektionen zu lernen oder Verbindungen zu erneuern.

Andere hingegen verweilen. Für sie verstreichen Jahrhunderte, bevor sie den Ruf verspüren, erneut geboren zu werden. Sie nutzen die Zeit, um im Reich der Seelen zu reflektieren, zu ruhen und vielleicht auch, um auf die richtige Konstellation der Umstände zu warten – auf einen Ort, eine Zeit oder eine Verbindung, die ihrem nächsten Schritt entspricht.

Im Reich der Seelen gibt es keine Eile. Zeit ist dort bedeutungslos, sie existiert nur für die Lebenden. Eine Seele, die Jahrhunderte verweilt, empfindet keine Langeweile oder Ungeduld. Sie spürt das verrinnen der Zeit überhaupt nicht. Stattdessen vertieft sie sich in die unendliche Weisheit dieses Zwischenraums, bis sie bereit ist, erneut in den Zyklus des Lebens einzutreten.

Die Dauer bis zur Wiedergeburt ist nicht willkürlich, sondern Teil eines größeren Plans, den die Seele selbst versteht, auch wenn er für uns Menschen im Verborgenen bleibt. Egal, ob es Tage oder Jahrhunderte sind, eines bleibt sicher: Jede Seele kehrt zurück, um ihre Reise fortzusetzen – genau im richtigen Moment.

Die Vorbereitung auf die Wiedergeburt

Die Vorbereitung auf die Wiedergeburt ist ein tiefgreifender und zugleich mystischer Prozess, der jenseits des Verständnisses des menschlichen Geistes liegt. Im Reich der Seelen sammelt die Seele Erfahrungen, reflektiert über vergangene Leben und betrachtet die Lektionen, die sie gelernt hat – oder noch lernen muss. Es ist eine Zeit der Einkehr und des Wachstums, in der die Seele sich darauf vorbereitet, erneut in den Zyklus des Lebens einzutreten.

Zuerst taucht die Seele in das, was manche als das "große Erinnern" bezeichnen. Hier werden die Fäden vergangener Existenzen sichtbar: die Verbindungen, die sie geknüpft hat, die Entscheidungen, die sie getroffen hat, und die Konsequenzen, die daraus entstanden sind. Sie betrachtet ihre bisherigen Reisen mit einer Klarheit, die im menschlichen Dasein oft verborgen bleibt.

Dann wählt die Seele – geführt von einer höheren Weisheit – die Umstände ihres nächsten Lebens. Es ist keine willkürliche Entscheidung, sondern ein Akt des Lernens und der Weiterentwicklung. Die Seele sucht nach einem Körper, einer Familie, einem Ort und einer Zeit, die ihren nächsten Schritten am besten entsprechen. Dabei spielt nicht nur der Wunsch der Seele eine Rolle, sondern auch die Verbindungen zu anderen Seelen, mit denen sie gemeinsame Aufgaben oder Schicksalsfäden teilt.

Manchmal wählt die Seele ein herausforderndes Leben, um an ihren Schwächen zu wachsen. In anderen Fällen entscheidet sie sich für ein Leben der Ruhe, um alte Wunden zu heilen. Jede Wahl ist ein Teil ihres ewigen Plans, eine Facette auf dem Weg zur Vollkommenheit.

Bevor sie in den neuen Körper eintritt, taucht die Seele in ein "Meer des Vergessens" ein. Dieses Vergessen ist notwendig, um das neue Leben unvoreingenommen zu erleben, um sich den Herausforderungen zu stellen, ohne von den Erinnerungen früherer Existenzen belastet zu sein. Dennoch bleiben tiefe

Spuren – Empfindungen, Instinkte und unerklärliche Vertrautheit –, die das neue Leben beeinflussen.

So beginnt die Reise von Neuem: die Seele tritt in die Welt ein, bereit, ihre Geschichte fortzuschreiben, neue Verbindungen zu knüpfen und die Lektionen zu lernen, die das Leben ihr zu bieten hat.

Eine Rückführung

Stell dir vor, du sitzt in einem bequemen
Sessel, die Augen geschlossen, dein Atem
wird langsam, ruhig und tief. Eine sanfte
Stimme führt dich – wie ein Flüstern, das von
weit her zu kommen scheint. Sie sagt dir, du
sollst loslassen, alles, was dich an diesen
Moment bindet. Du sinkst tiefer in dich
hinein, Schicht um Schicht, wie ein Taucher,
der in die Stille des Ozeans gleitet.

Bald spürst du, dass sich etwas verändert. Es
ist, als würdest du eine Tür durchschreiten,
die dich an einen Ort führt, der dir fremd und
doch vertraut erscheint. Die Stimme fragt:
„Wo bist du jetzt?" Und plötzlich tauchen
Bilder auf, erst schemenhaft, dann klarer.

Du stehst auf einer staubigen Straße. Der
Wind trägt den Duft von getrocknetem Gras
und Holzfeuer zu dir. Deine Füße fühlen sich
seltsam an – barfuß vielleicht, oder in
einfachen Ledersandalen. Du schaust an dir
herunter und erkennst, dass die Kleidung, die
du trägst, nicht die deine ist, zumindest nicht

aus diesem Leben. Sie ist alt, grob gewebt, von einer anderen Zeit.

Die Stimme ermutigt dich, weiterzusehen. Du blickst um dich und erkennst eine Landschaft, die du niemals besucht hast, und doch scheint sie dich willkommen zu heißen. Dort ist ein Haus, vielleicht eine Hütte. Menschen, deren Gesichter dir fremd sind, aber ihr Lächeln, ihre Gesten – sie rühren etwas in dir.

Du weißt, wer du bist. Ein Name steigt in deinem Inneren auf, ebenso ein Gefühl. Vielleicht bist du eine junge Frau, die in einem Dorf lebt, oder ein Mann, der auf einem Feld arbeitet. Vielleicht bist du ein Kind, das sorglos spielt, oder ein alter Gelehrter, der sich mit Büchern umgibt.

Die Stimme führt dich tiefer. Sie fragt nach den Herausforderungen, die du damals hattest, nach den Freuden, die dein Herz erfüllt haben. Vielleicht erkennst du ein Muster, eine Verbindung zu deinem heutigen Leben. Vielleicht verstehst du plötzlich, warum dich bestimmte Ängste plagen oder warum du zu bestimmten Menschen eine unerklärliche Nähe empfindest.

Die Reise fühlt sich zeitlos an. Doch irgendwann leitet die Stimme dich zurück, sanft und behutsam, wie ein Sonnenstrahl, der durch eine Wolkendecke bricht. Du öffnest die Augen, fühlst den Boden unter deinen Füßen, die Gegenwart deines Körpers. Aber etwas hat sich verändert.

Die Bilder und Gefühle des Erlebten bleiben in dir. Sie sind wie ein Schatz, ein Mosaikstück deiner Seele, das nun wieder an seinem Platz liegt. Du fühlst dich leichter, als hättest du ein vergessenes Kapitel deines Lebens entdeckt, das dir nun hilft, dein heutiges Dasein besser zu verstehen.

Dann merkst du, dass die Welt sich anders anfühlt. Es ist, als hätte ein Schleier sich gehoben, als würdest du die Dinge klarer sehen – nicht nur mit den Augen, sondern mit deinem ganzen Wesen.

Die Bilder aus dem anderen Leben schwirren noch in deinem Kopf, aber sie fühlen sich nicht mehr fremd an. Sie sind wie alte Bekannte, die du lange nicht gesehen hast, die aber immer Teil deines Lebens waren. Du erinnerst dich an den Moment, in dem du in das kleine Haus eingetreten bist, an den

Geruch von warmem Brot und getrockneten Kräutern. Du erinnerst dich an das Gesicht eines Kindes, das dich ansah, mit Augen, die dir so bekannt vorkamen, dass dein Herz einen Moment aussetzte. War es vielleicht jemand aus deinem heutigen Leben? Ein Freund, ein Verwandter, eine Liebe?

Je länger du darüber nachdenkst, desto mehr spürst du, wie die Fäden der Vergangenheit sich mit der Gegenwart verweben. Du verstehst plötzlich, warum du dich zu bestimmten Dingen hingezogen fühlst – zu einem Beruf, einer Stadt, einer Lebensweise. Vielleicht liegt darin der Grund für deine Ängste oder Zweifel, für das Gefühl, an einem Ort fremd zu sein, an einem anderen aber heimisch.

Du spürst, dass die Reise nicht beendet ist. Sie war nur ein winziger Schritt, ein erster Blick hinter den Vorhang. Du könntest zurückgehen, tiefer eintauchen, mehr über die Seelen lernen, die dein Leben begleitet haben – damals wie heute. Es ist, als hätte dir das Universum die Tür zu einer riesigen Bibliothek geöffnet, in der alle Geschichten deines Seins aufbewahrt werden.

Die Tage nach der Rückführung fühlst du dich seltsam wach. Begegnungen, die dir vorher bedeutungslos schienen, bekommen plötzlich Tiefe. Ein Blick, eine Berührung, ein Wort – sie tragen eine Resonanz in sich, die du nun wahrnimmst. Es ist, als würde ein leises Flüstern dich begleiten, das dir sagt: „Achte darauf. Hier ist etwas, das du erkennen sollst."

Manchmal überkommt dich der Drang, mehr zu erfahren. Du liest über die Zeit, die du gesehen hast, oder suchst Orte auf, die dir vertraut erschienen. Und dann gibt es die Nächte, in denen du träumst. Träume, die wie Brücken sind, die dich zurückführen in die Welt, die du entdeckt hast.

Die Rückführung war nicht nur eine Reise in die Vergangenheit. Sie war der Beginn einer Reise zu dir selbst, zu dem Teil deiner Seele, der alle Zeiten und Leben überdauert. Sie erinnert dich daran, dass du mehr bist als dieses eine Leben, mehr als diese eine Geschichte. Du bist ein ewiger Wanderer, der immer wiederkehrt, um zu lernen, zu wachsen und den Faden des Lebens weiterzuspinnen.

Ob es wünschenswert ist, eine Rückführung in frühere Leben zu erleben, ist eine sehr persönliche Frage, die von vielen Faktoren abhängt – von den eigenen Zielen, der Bereitschaft, sich mit den Tiefen des eigenen Seins auseinanderzusetzen, und der Art und Weise, wie man das Leben insgesamt versteht. Rückführungen können sowohl bereichernd als auch herausfordernd sein, und die Entscheidung, sich auf eine solche Reise zu begeben, sollte wohlüberlegt sein.

Die Bereicherung durch Rückführung

Für viele Menschen kann eine Rückführung eine tiefgreifende, fast transformative Erfahrung sein. Sie bietet die Möglichkeit, Antworten auf ungelöste Fragen zu finden, Muster aus der Vergangenheit zu erkennen, die im aktuellen Leben wiederkehren. Oft berichten Menschen nach einer Rückführung, dass sie sich plötzlich in einem größeren Zusammenhang verstehen, dass sie die Fäden ihres Lebens klarer erkennen können. Sie erfahren eine tiefe, seelische Heilung, wenn sie sich mit früheren Leben und ihren emotionalen Belastungen auseinandersetzen. Es gibt Menschen, die sagen, dass sie nach einer Rückführung mit mehr Klarheit, innerer Ruhe und einem Gefühl der Ganzheit leben. In diesem Sinne kann eine Rückführung zu einer Art seelischem Frieden führen – die Vergangenheit heilt, und die Gegenwart wird freier.

Herausforderung einer Rückführung

Doch es gibt auch eine andere Seite. Rückführungen können beängstigend oder überwältigend sein, besonders wenn sie verdrängte, schmerzhafte Erfahrungen oder ungelöste Konflikte ans Licht bringen. Manchmal kommt es vor, dass man in einer Rückführung auf traumatische Erlebnisse stößt, die in einem früheren Leben erlebt wurden – und es kann herausfordernd sein, mit diesen Erinnerungen umzugehen. Einige Menschen fühlen sich nach der Erfahrung emotional erschöpft oder sogar desorientiert, da sie plötzlich mit Themen konfrontiert werden, die sie nicht erwartet haben.

Selbstreflexion und Achtsamkeit

Ein weiterer wichtiger Punkt ist, dass das Erleben von früheren Leben möglicherweise nicht die ultimative Antwort auf die Fragen des Lebens bietet. Rückführungen sollten nicht als eine magische Lösung für alle Lebensprobleme betrachtet werden. Sie sind eine Möglichkeit, neue Perspektiven zu gewinnen, aber sie erfordern auch eine gewisse Achtsamkeit und Bereitschaft, die Erfahrungen mit Bedacht zu integrieren. Menschen, die sich auf eine Rückführung einlassen, sollten sich bewusst sein, dass nicht alles, was in einem früheren Leben erlebt wurde, mit der Gegenwart zu tun hat. Manchmal ist es auch wichtig, die Lehren aus diesen Leben zu distanzieren und zu entscheiden, was tatsächlich für das eigene heutige Leben relevant ist.

Schlussfolgerung

Ob eine Rückführung wünschenswert ist oder nicht, hängt also stark von den persönlichen Erwartungen und dem inneren Zustand ab. Wer sich der Reise in die Vergangenheit öffnen möchte, sollte dies mit einem klaren Ziel und in einem sicheren, unterstützenden Rahmen tun. Wenn die Intention darin besteht, sich selbst besser zu verstehen, zu heilen und zu wachsen, kann eine Rückführung eine wertvolle Erfahrung sein. Wenn jedoch der Drang nach „magischen Lösungen" oder einem schnellen Entkommen aus den Herausforderungen des Lebens besteht, könnte es schwierig sein, den wahren Nutzen zu erkennen.

Es ist, als würde man in einen Spiegel blicken, der nicht nur das Jetzt zeigt, sondern auch die Gesichter der Vergangenheit. Die Frage bleibt: Bist du bereit, auch die Schatten der Vergangenheit zu sehen, um das Licht der Gegenwart zu erlangen?

Ein wissenschaftlicher Ansatz

Die Frage, ob Erinnerungen aus einer Rückführung tatsächlich aus einem früheren Leben stammen oder nur Fantasieprodukte des Geistes sind, wird von verschiedenen Perspektiven unterschiedlich beantwortet. Aus spiritueller Sicht glauben viele, dass die Seele unsterblich ist und all ihre Erfahrungen wie ein Schatz in sich trägt, der in neuen Leben mitgebracht wird, um weiter zu lernen und zu wachsen. Rückführungen gelten dabei als Fenster in diese tieferen Ebenen des Seins, in denen Fragmente vergangener Existenzen sichtbar werden.

Psychologen und Neurowissenschaftler hingegen argumentieren, dass solche Erinnerungen das Ergebnis innerer Prozesse im Unterbewusstsein sind. Unter Hypnose wird der Geist oft besonders kreativ, und es können Bilder und Szenen entstehen, die durch verdrängte Wünsche, kulturelle Einflüsse oder aktuelle Lebensthemen geformt werden. Manche sehen darin symbolische Darstellungen von Herausforderungen oder ungelösten Konflikten, die gerade bearbeitet werden wollen.

Die wissenschaftliche Skepsis bleibt, da es keine empirischen Beweise für die Echtheit dieser Erinnerungen gibt. Viele Forscher halten sie für Fantasieprodukte, die durch Suggestion oder die Erwartungen des Klienten während der Rückführung hervorgerufen werden. Dennoch gibt es Berichte, die diese Sichtweise infrage stellen. Fälle von Kindern, die sich an Details aus früheren Leben erinnern, oder Rückführungen, bei denen verblüffend genaue historische Informationen zutage treten, bleiben ein faszinierendes Rätsel.

Ob diese Erinnerungen real sind oder nicht, verliert für viele Menschen an Bedeutung, wenn sie eine positive Wirkung auf das heutige Leben haben. Rückführungen können Ängste lindern, emotionale Blockaden lösen und tiefere Einblicke in das eigene Selbst ermöglichen. Selbst wenn sie nur ein Produkt der Fantasie sind, dienen sie oft als wertvolle Quelle für Heilung und Selbsterkenntnis.

Vielleicht liegt die Wahrheit irgendwo dazwischen. Es könnte sein, dass der Geist auf unbewusste Weise mit einem kollektiven Bewusstsein verbunden ist oder dass die Seele tatsächlich Erinnerungen aus der Vergangenheit trägt. Oder es ist einfach der Versuch des Geistes, uns symbolisch das zu zeigen, was wir gerade am dringendsten verstehen müssen. Die Frage nach der Wahrheit bleibt ein Mysterium, und vielleicht ist es wichtiger, zu fragen, wie man das Erlebte für das Hier und Jetzt nutzen kann.

Teil II

Erinnerung in Trance

Lars erwachte langsam aus der Narkose. Die Lichter im Operationssaal verschwammen vor seinen Augen, und für einen Moment wusste er nicht, wo er war. Doch die Bilder, die er während der Operation gesehen hatte, waren so lebendig, dass sie sich wie eine Erinnerung anfühlten – eine Erinnerung an ein anderes Leben.

Er hatte von einer kleinen Stadt in Italien geträumt. Enge, gepflasterte Gassen schlängelten sich durch steinerne Häuser, die unter der warmen Mittelmeersonne leuchteten. Der Duft von frisch gebackenem Brot und blühendem Jasmin lag in der Luft. In seinem Traum war er ein Mann namens Giovanni gewesen, ein einfacher Handwerker, der in einem kleinen Atelier Keramikschalen bemalte. Doch das, was ihm am meisten in Erinnerung blieb, war eine Frau – Isabella.

Sie hatte leuchtende Augen und ein Lächeln, das selbst die dunkelsten Tage erhellte. Giovanni liebte sie, mehr als Worte beschreiben konnten. Aber Isabella war die Tochter eines reichen Kaufmanns, und ihre Familie sah ihre Liebe zu einem einfachen Handwerker als unerträglich an. Nach Jahren heimlicher Treffen wurde Isabella schließlich gezwungen, einen anderen Mann zu heiraten – einen Kaufmann, der den Wohlstand ihrer Familie sichern sollte.

Am Abend vor ihrer Hochzeit trafen sie sich ein letztes Mal in Giovannis Atelier. Sie malten gemeinsam eine Schale, ihre Hände berührten sich, während sie die Farben auftrugen. Am Ende schrieb Isabella eine Nachricht auf die Unterseite der Schale: *„In einem anderen Leben, mein Herz."* Giovanni hielt an dieser Schale fest, bis zu seinem Lebensende, doch die Trennung überschattete sein Leben.

Nach der Operation ließ der Traum Lars nicht mehr los. Er recherchierte und fand schließlich ein kleines Dorf namens Volterra in der Toskana, das exakt wie in seinem

Traum aussah. Trotz seiner Skepsis buchte er eine Reise dorthin.

Als er ankam, fühlte er sich sofort vertraut mit Volterra. Die Pflastersteine unter seinen Füßen, die Fassaden der Häuser, die geschäftige Piazza – alles wirkte, als hätte er schon einmal hier gelebt. Er folgte seinen Instinkten und landete schließlich vor einem kleinen Laden, dessen Tür von einer verblassten Keramiktafel geschmückt war.

Lars trat ein. Der Geruch von Ton und Farbe erfüllte den Raum, und auf den Regalen standen kunstvoll bemalte Schalen und Vasen. Eine ältere Frau kam auf ihn zu. „Kann ich Ihnen helfen?" fragte sie freundlich.

Lars zögerte, bevor er fragte: „Haben Sie hier schon immer Keramik verkauft?"

Die Frau lächelte. „Seit Generationen. Mein Urgroßvater Giovanni hat diesen Laden gegründet."

Sein Herz setzte einen Schlag aus. „Giovanni?" flüsterte Lars. „Das kann nicht sein …"

Die Frau runzelte die Stirn. „Haben Sie von ihm gehört?"

Lars erzählte ihr von seinem Traum, von den Details, die er gesehen hatte, und von Isabella. Die Frau starrte ihn an, als ob sie einen Geist sehen würde. Schließlich ging sie zu einem alten Schrank, zog eine vergilbte Schale hervor und reichte sie ihm.

Auf der Unterseite der Schale erkannte Lars die verblasste Inschrift: *„In einem anderen Leben, mein Herz."*

Ein Schauer lief ihm über den Rücken. Tränen stiegen ihm in die Augen, und er fühlte, wie ein Strom von Erinnerungen durch ihn hindurchfloss. Alles ergab plötzlich Sinn: der Traum, die Vertrautheit, das unbestimmte Gefühl, dass er hier hergehören könnte. Lars wusste, dass er ein Stück seiner Seele wiedergefunden hatte – und die Gewissheit, dass die Liebe, die einst verloren schien, nie wirklich verging.

Ein Kind erinnert ein früheres Leben

Die Erzählungen von Kindern, die sich an ein früheres Leben zu erinnern scheinen, faszinieren und erstaunen Menschen seit jeher. Diese Berichte treten oft bei sehr jungen Kindern auf, die spontan und ohne äußere Anregung von vergangenen Erfahrungen sprechen. Besonders bemerkenswert sind die Details, die sie schildern – Informationen über Orte, Ereignisse oder Menschen, von denen sie eigentlich nichts wissen können.

Stell dir ein fünfjähriges Kind vor, das plötzlich beim Abendessen zu seinen Eltern sagt: „Ich hatte mal ein großes, blaues Haus mit einem Garten voller Rosen. Ich lebte dort mit meiner Schwester Lila. Wir hatten immer Angst vor den Zügen, die in der Nähe vorbeifuhren." Die Eltern sind verblüfft, denn weder haben sie solche Geschichten erzählt, noch hat das Kind je etwas Ähnliches im Fernsehen gesehen.

Anfangs wird der Bericht als Fantasie abgetan, doch das Kind bleibt bei seiner

Geschichte. Es fügt Details hinzu: den Namen der Stadt, eine Brücke, die in der Nähe des Hauses war, und sogar ein Geschäft, in dem es Süßigkeiten gekauft haben will. Irgendwann gibt es so viele spezifische Informationen, dass die Eltern neugierig werden. Sie recherchieren und stellen fest, dass es tatsächlich eine kleine Stadt gibt, die zu der Beschreibung passt. Dort gibt es eine Brücke und sogar ein altes Geschäft, das früher Süßigkeiten verkauft hat – genau, wie das Kind es beschrieben hat.

Einige Eltern entscheiden sich, mit ihrem Kind an den beschriebenen Ort zu reisen. In vielen Fällen erkennt das Kind Details wieder, als ob es vertrautes Terrain betreten würde. „Hier ist die Brücke!" ruft es aufgeregt oder zeigt auf ein altes Haus und sagt: „Da habe ich gewohnt." In einigen dokumentierten Fällen wurden sogar frühere Bewohner oder Ereignisse gefunden, die die Schilderungen bestätigen.

Diese Erlebnisse werfen viele Fragen auf. Wissenschaftler wie Dr. Ian Stevenson und Dr. Jim Tucker haben solche Fälle jahrzehntelang untersucht. Sie dokumentierten Hunderte Berichte, bei denen Kinder Erinnerungen an frühere Leben schilderten und Informationen preisgaben, die sie unmöglich auf normalem Weg erfahren haben konnten. Manche Kinder erinnerten sich an verstorbene Familienmitglieder, Arbeitsplätze oder sogar an Todesumstände.

Für viele bleibt die Frage, wie solche Erinnerungen zustande kommen. Sind sie Beweise für die Existenz der Reinkarnation? Oder gibt es andere Erklärungen, etwa das Konzept eines kollektiven Bewusstseins, auf das die Kinder zugreifen? Was auch immer die Ursache sein mag, eines bleibt klar: Solche Berichte laden uns ein, über die Grenzen unseres Verstehens hinauszudenken. Sie sind eine Einladung, die Geheimnisse der Seele und des Bewusstseins tiefer zu erforschen.

Der Fall Samuel

Ein besonders beeindruckender Fall ereignete
sich mit einem Jungen namens Samuel, der
im Alter von drei Jahren begann,
ungewöhnliche Dinge zu erzählen. Es war ein
ganz normaler Nachmittag, als er plötzlich zu
seiner Mutter sagte: „Mama, als ich noch der
andere Papa war, habe ich ein großes Schiff
gefahren." Die Mutter lächelte und nahm an,
dass Samuel mit seiner Fantasie spielte. Doch
die Bemerkungen hörten nicht auf.
Immer wieder sprach Samuel von seinem
„anderen Leben". Er behauptete, er habe auf
einem riesigen Dampfschiff gearbeitet und sei
Kapitän gewesen. Er beschrieb, wie er durch
Sturm und Wind navigierte, und sprach mit
einer bemerkenswerten Ernsthaftigkeit, die
nicht zu seinem Alter passte. Seine Mutter
war zunehmend verwirrt, denn weder sie
noch jemand in der Familie hatte jemals
Geschichten über Schiffe erzählt oder
entsprechende Filme gezeigt.

Eines Abends erzählte Samuel von einem
großen Unglück. Er sagte, dass das Schiff, das

er gesteuert habe, gesunken sei, weil es mit einem Eisberg kollidiert sei. Die Beschreibung war so detailliert, dass seine Eltern stutzig wurden. Sie fragten ihn, ob er sich an den Namen des Schiffes erinnern könne, und Samuel antwortete: „Titanic."

Die Eltern waren schockiert. Samuel war zu jung, um je von der Titanic gehört zu haben, und doch schien er Dinge zu wissen, die selbst für Erwachsene ungewöhnlich detailliert waren. Er sprach von Rettungsbooten, der Panik an Bord und sogar von einer Frau namens „Margaret", die ihm in seinen letzten Momenten geholfen habe.

Die Familie begann zu recherchieren und stellte fest, dass es tatsächlich eine Margaret Brown an Bord der Titanic gegeben hatte, die als eine der prominentesten Überlebenden in die Geschichte einging. Samuel erwähnte auch, dass er in seinem früheren Leben aus Southampton gekommen sei. Als sie ihm Bilder der Stadt aus der damaligen Zeit zeigten, zeigte er auf eine alte Hafenszene und sagte: „Das war mein Zuhause."

Samuel sprach immer seltener über seine Erinnerungen, je älter er wurde. Doch seine

Eltern dokumentierten alles, was er in den frühen Jahren gesagt hatte. Auch wenn sie keine endgültige Erklärung für seine Geschichten finden konnten, blieb ihnen die Erfahrung eine tiefe Erinnerung daran, dass die Grenzen zwischen Vergangenheit und Gegenwart manchmal durchlässiger sind, als wir glauben.

Dieser Bericht, wie viele andere, wirft die Frage auf, ob Kinder in einem Alter, in dem ihr Bewusstsein noch unverfälscht und offen ist, Zugang zu einer tieferen Ebene des Seins haben. Samuel selbst konnte später keine Antworten darauf geben, warum er all das wusste – doch vielleicht war die wahre Botschaft in seiner Geschichte, dass das Leben weit mehr Geheimnisse birgt, als wir uns vorstellen können.

Die Geschichte von Amara

Ein weiteres bemerkenswertes Beispiel betrifft eine vierjährige Mädchen namens Amara, die in Indien lebte. Eines Tages, während sie mit ihren Eltern Tee trank, begann sie plötzlich, von einem „anderen Zuhause" zu sprechen. Sie erzählte, dass sie früher in einem großen weißen Haus gewohnt habe, umgeben von grünen Feldern und einem Fluss. Sie beschrieb die Umgebung mit einer Genauigkeit, die ihre Eltern verwirrte.

Besonders auffällig war, dass Amara wiederholt den Namen „Rajesh" erwähnte. Sie sagte, er sei ihr Sohn gewesen, und sprach davon, wie sie ihn zum Markt begleitet und ihm Geschichten erzählt habe. Ihre Eltern lachten anfangs, fanden die Geschichte jedoch zunehmend seltsam, als Amara weitere Details preisgab, darunter den Namen einer Stadt, die rund 200 Kilometer entfernt lag, und den Namen des Marktes, den sie besucht haben wollte.

Nach Wochen des Rätselns beschloss Amaras Vater, Nachforschungen anzustellen. Er fuhr mit seiner Tochter in die besagte Stadt, um die Angaben zu überprüfen. Kaum dort angekommen, schien Amara sich sofort zurechtzufinden. Sie wies ihrem Vater den Weg durch die Straßen, bis sie vor einem großen weißen Haus stehen blieb. „Das ist mein Haus", sagte sie voller Überzeugung.

Ein älterer Mann öffnete die Tür. Als Amara ihn sah, nannte sie ihn sofort „Rajesh". Der Mann war schockiert und erklärte, dass dies der Name seiner Mutter gewesen sei, die vor fünf Jahren gestorben war. Sie hatte in diesem Haus gelebt und war dafür bekannt, ihren Sohn zum Markt zu begleiten. Amara begann, Details aus seinem Leben zu erzählen, die sie unmöglich wissen konnte – Geschichten, die er früher nur mit seiner Mutter geteilt hatte.

Der Mann, tief gerührt, bat die Familie ins Haus und zeigte ihnen alte Fotos. Als Amara ein Foto ihrer angeblichen früheren Selbst sah, sagte sie sofort: „Das bin ich." Sie erkannte auch Schmuckstücke und Möbelstücke wieder, ohne je zuvor in diesem Haus gewesen zu sein.

Die Begegnung war so emotional, dass beide Familien beschlossen, in Kontakt zu bleiben. Für Rajesh war die Erfahrung wie eine letzte Verbindung zu seiner verstorbenen Mutter, und für Amaras Eltern war es ein überwältigender Beweis für die Rätselhaftigkeit des Lebens.

Lukas der Soldat

Ein besonders eindrücklicher Fall ist der von
Lukas, einem sechsjährigen Jungen aus
Deutschland. Eines Abends, als er mit seinen
Eltern vor dem Kamin saß, begann er
unvermittelt zu erzählen: „Früher war ich ein
Soldat, aber ich wollte keiner sein." Seine
Eltern sahen ihn verwundert an, doch Lukas
fuhr fort, ohne auf ihre Reaktion zu achten.
„Ich musste immer einen großen Helm
tragen, und es war kalt. Wir hatten Angst, und
die Flugzeuge waren so laut."

Seine Eltern waren erstaunt. Sie hatten nie
über Krieg gesprochen, und Lukas war zu
jung, um solche Dinge aus der Schule zu
wissen. Er sprach weiter, mit ernster Stimme,
die nicht zu seinem Alter passte: „Wir waren
auf einem Hügel, und es gab überall
Schlamm. Ich hatte einen Freund, der hieß
Karl. Er war jünger als ich, und ich habe ihm
versprochen, dass wir nach Hause gehen,
wenn es vorbei ist."

Die Eltern fragten behutsam nach, doch Lukas schien in einer Art Trance zu sein. „Wir haben uns versteckt, aber sie haben uns gefunden", flüsterte er. „Karl hat es nicht geschafft. Und dann… dann war alles still."

Im Laufe der Wochen fügte Lukas weitere Details hinzu. Er sprach von einem „großen Krieg" und erwähnte Namen wie Verdun und Somme, ohne dass seine Eltern ihm je davon erzählt hätten. Sie begannen nachzuforschen und stellten fest, dass die Schlachten, von denen Lukas sprach, während des Ersten Weltkriegs stattgefunden hatten. Besonders die Beschreibung des hügeligen Geländes und der Schlammlandschaft passte erschreckend genau zu historischen Berichten aus Verdun.

Eines Tages, als die Familie einen Ausflug in ein Kriegsmuseum machte, wurde Lukas plötzlich still. Vor einem alten Helm, wie er von deutschen Soldaten im Ersten Weltkrieg getragen wurde, blieb er stehen und sagte leise: „So einen hatte ich. Der war schwer und hat immer gedrückt." Er zeigte auf eine Karte mit Markierungen von Schützengräben und deutete auf einen bestimmten Punkt: „Da waren wir."

Die Eltern waren tief bewegt und zugleich verunsichert. Lukas sprach mit solcher Überzeugung, dass es schwerfiel, seine Worte als bloße Fantasie abzutun. Doch wie auch bei vielen anderen Fällen verblassten seine Erinnerungen mit der Zeit. Als er älter wurde, konnte er sich kaum noch an die Geschichten erinnern, die er einst so lebendig erzählt hatte.

Ob Lukas tatsächlich ein früheres Leben erinnerte oder ob sein Geist eine Verbindung zu kollektiven Erinnerungen knüpfte, blieb ein Rätsel. Doch die Tiefe und Genauigkeit seiner Schilderungen lassen erahnen, dass unser Bewusstsein weitreichender sein könnte, als wir es verstehen.

Sofia

Ein weiterer Fall ereignete sich mit einem siebenjährigen Mädchen namens Sofia, die in einem kleinen Dorf in Südfrankreich lebte. Eines Nachmittags saß sie auf der Veranda und starrte nachdenklich auf die Hügel in der Ferne. Plötzlich drehte sie sich zu ihrer Mutter und sagte mit fester Stimme: „Früher lebte ich in einem großen Palast, aber ich war nicht glücklich."
Die Mutter lachte, nahm es als eine kindliche Fantasie und fragte weiter: „Ein Palast? Und warum warst du nicht glücklich?"

Sofia schaute nachdenklich und sagte dann: „Ich musste immer in einem goldenen Raum bleiben, und sie haben mir nie erlaubt, in den Garten zu gehen. Aber ich konnte es spüren, der Garten war voller Blumen, und ich wollte immer hinaus."

Die Mutter war erstaunt, dass ein kleines Mädchen von einem Palast sprach, als hätte sie ihn wirklich gekannt. Doch als Sofia weiter erzählte, begannen die Details immer präziser zu werden. „Ich hatte eine Schwester", sagte sie plötzlich. „Sie hieß Catherine und war älter als ich. Aber ich durfte nie mit ihr spielen, weil sie immer traurig war."

Die Mutter fragte weiter, doch Sofia erzählte mehr von einem Leben, das scheinbar aus einer anderen Zeit stammte. Sie sprach von einem „großen Mann", der ihr Vater war, und einer „feinen Dame", die ihre Mutter war, aber mit denen sie nie wirklich gesprochen hatte. Sie erinnerte sich an das Gefühl, stets bewacht und eingesperrt zu sein, ohne Freiheit, während sie draußen die Vögel und die Blumen des Gartens sah.

Wochen später, als Sofia immer noch von ihrem Leben im „Palast" erzählte, beschlossen ihre Eltern, einige Nachforschungen anzustellen. Sie fanden heraus, dass in einem nahegelegenen Schloss, das heute eine Ruine war, vor vielen Jahrhunderten ein Adelsgeschlecht gelebt hatte, dessen Geschichte fast in Vergessenheit geraten war. Sofia beschrieb den Palast so präzise, dass es schwer fiel, es nur als Fantasie abzutun. Besonders die

Beschreibung der goldenen Räume und der Gartenanlagen passten exakt zu dem, was in alten Aufzeichnungen über das Schloss zu finden war.

Ein weiterer Schock kam, als sie entdeckten, dass es tatsächlich eine „Catherine" aus dieser Familie gegeben hatte – die Tochter des Adeligen, die in jungen Jahren verstorben war. Sofia hatte sie nie gekannt, und dennoch erinnerte sie sich an sie in erstaunlicher Weise.

Die Geschichten von Sofia über ihr früheres Leben verschwanden schließlich, als sie älter wurde, doch für ihre Familie blieben die Erinnerungen an die tiefen und unerklärlichen Details, die sie damals erzählt hatte, ein bleibendes Rätsel. War es nur ein Spiel der Fantasie oder ein echter Zugang zu einem vergangenen Leben? Die Frage blieb offen, doch die Genauigkeit und die emotionale Tiefe von Sofias Erzählungen ließen ihre Eltern nie ganz los.

Dieser Bericht, wie viele andere, lässt uns darüber nachdenken, wie wenig wir wirklich über das Bewusstsein und die Erinnerungen wissen, die uns als Individuen ausmachen.

Und vielleicht sind es genau solche Geschichten, die uns dazu anregen, die Grenzen des Bekannten zu überschreiten und das Unbekannte zu erforschen.

Die Geschichte von Lea

Lea war ein lebhaftes fünfjähriges Mädchen, das mit ihrer Familie in einer kleinen Küstenstadt in Italien lebte. Sie liebte es, am Strand zu spielen, doch eines Tages, während sie Muscheln sammelte, blieb sie plötzlich stehen, sah aufs Meer hinaus und sagte mit leiser Stimme: „Ich bin hier schon einmal gestorben."

Ihre Mutter, die sie begleitete, hielt inne und fragte überrascht: „Was meinst du, Liebling?" Lea schaute sie ernst an, ihre braunen Augen wirkten plötzlich älter, als ob sie etwas verborgene Weisheit trugen. „Es war lange her", sagte sie. „Ich war ein Fischer. Das Boot war alt, und die Wellen waren zu stark. Ich bin gefallen und konnte nicht mehr atmen."

Die Mutter war erschrocken, versuchte es jedoch als eine Fantasie ihres Kindes abzutun. Doch Lea ließ das Thema nicht los. Immer wieder sprach sie von einem Fischerboot, das „La Bella" hieß, und davon, wie sie mit

Netzen gearbeitet hatte. „Das Meer war mein Zuhause", sagte sie oft, „aber es hat mich genommen."

Eines Tages, als die Familie einen Spaziergang durch die Altstadt machte, blieb Lea vor einem kleinen Laden stehen, in dem alte Seekarten und Bilder hingen. Sie zeigte auf ein vergilbtes Schwarz-Weiß-Foto, das ein hölzernes Fischerboot zeigte, und rief: „Das war mein Boot! Das ist ‚La Bella'!"

Der Ladenbesitzer, ein älterer Herr, hörte dies und kam neugierig näher. Er erklärte, dass das Boot tatsächlich „La Bella" hieß und einst einem Fischer namens Marco gehört hatte, der vor vielen Jahren bei einem Sturm ums Leben gekommen war. Marco war von den Bewohnern des Dorfes sehr geschätzt worden, und sein Tod hatte tiefe Trauer hinterlassen.

Lea konnte weitere Details nennen, die selbst der Ladenbesitzer als zutreffend bestätigte – darunter die Namen von Marcos zwei besten Freunden, die oft mit ihm zur See gefahren waren. Ihre Eltern waren fassungslos. Wie konnte ein kleines Mädchen all das wissen?

Mit der Zeit sprach Lea immer weniger über ihre Erinnerungen an Marco und das Meer. Doch eines Tages, kurz vor ihrem sechsten Geburtstag, ging sie mit ihrem Vater zum Strand und blickte lange aufs Wasser. Schließlich sagte sie: „Ich liebe das Meer, aber jetzt bin ich Lea. Das ist alles, was zählt."

Die Familie sprach später oft über diese rätselhaften Momente, die ihnen ein Gefühl dafür gaben, dass Leben vielleicht mehr ist, als das, was wir sehen und verstehen können. Ob es nun eine Verbindung zu einem vergangenen Leben war oder ein unerklärliches Phänomen, die Geschichte von Lea hinterließ bei allen, die sie hörten, eine tiefe Nachdenklichkeit – und eine stille Ehrfurcht vor den Geheimnissen des Seins.

Lea erinnert ein weiteres Leben

Als Lea älter wurde, verblassten ihre
Erinnerungen an das Leben als Fischer. Doch
eines Sommers, als sie sieben Jahre alt war,
unternahm ihre Familie eine Reise nach
Florenz. Schon bei der Ankunft wirkte Lea
ungewöhnlich aufgeregt. Sie drückte die
Hand ihrer Mutter fest und sagte: „Hier war
ich auch schon einmal."

Die Eltern schenkten dem zunächst wenig
Aufmerksamkeit, doch als sie durch die
Altstadt spazierten, begann Lea, Dinge zu
sagen, die sie nicht wissen konnte. Vor einer
alten Steinbrücke blieb sie stehen und
flüsterte: „Die Ponte Vecchio. Ich bin oft
hier entlanggegangen." Ihre Eltern waren
überrascht, da sie sicher waren, dass sie
diesen Namen nie zuvor erwähnt hatten.

Lea führte ihre Familie weiter durch die Stadt,
als hätte sie einen inneren Plan. In einer
schmalen Seitengasse deutete sie auf ein
kleines Gebäude mit einem kunstvoll
geschnitzten Türbogen. „Hier habe ich

gelebt", sagte sie leise. „Das war mein Zuhause, und oben an dem Fenster habe ich immer gestanden und die Menschen beobachtet."

Die Familie hielt inne, unsicher, was sie tun sollte. Lea sprach mit einer Selbstverständlichkeit, die unheimlich wirkte. Sie begann, von einem Mann namens „Giovanni" zu erzählen, den sie „ihren Vater" nannte, und davon, wie sie oft in einer Werkstatt geholfen habe, wo Holz geschnitzt wurde.

Ihre Eltern, inzwischen gleichermaßen fasziniert und verunsichert, beschlossen, nachzuforschen. Sie fragten in einem nahegelegenen Geschäft, ob jemand wisse, wer früher in diesem Haus gewohnt hatte. Ein älterer Mann erzählte ihnen, dass das Gebäude vor langer Zeit einer Familie gehört habe, die für ihre feinen Holzschnitzereien bekannt war. Besonders eine Tochter, Isabella, sei talentiert gewesen. Sie sei jedoch jung an einem Fieber gestorben.

Als die Familie die Geschichte hörte, war sie sprachlos. Lea hatte von ihrer eigenen Leidenschaft für das Malen und Basteln gesprochen, und ihre Werke erinnerten oft an filigrane Muster, wie sie für die Renaissance typisch waren. Die Verbindung schien zu real, um sie einfach abzutun.

Am letzten Tag ihres Aufenthalts in Florenz bat Lea ihre Eltern, noch einmal zur Ponte Vecchio zu gehen. Dort blieb sie stehen, sah hinauf zur Brücke und lächelte. „Ich vermisse es", sagte sie, „aber ich bin froh, jetzt hier zu sein."

Die Eltern waren sich einig, dass Leas Erinnerungen ein Mysterium blieben, das sie nie ganz erklären konnten.

Der kleine Charles

Charles, ein siebenjähriger Junge aus einem kleinen Dorf in der Normandie, war schon immer ein neugieriges Kind. Doch eines Tages, während eines Familienausflugs nach Mont Saint Michel, zeigte er eine Seite, die seine Eltern tief bewegte. Schon bei der Ankunft auf der Insel wirkte Charles ungewöhnlich ergriffen. Er hielt inne, betrachtete die alte Abtei und sagte leise: „Ich kenne diesen Ort. Hier habe ich gelebt."

Seine Eltern lachten, hielten es für eine harmlose Fantasie. Doch als sie die steilen Treppen zur Abtei hinaufgingen, begann Charles, Details zu erzählen, die sie nicht erklären konnten. „Früher waren hier nur Mönche", sagte er, während er mit den Fingern die steinernen Wände berührte. „Ich war einer von ihnen. Wir haben den ganzen Tag gebetet und Bücher abgeschrieben."

Sein Vater, der Geschichtslehrer war, fragte erstaunt: „Bücher abgeschrieben? Wie meinst du das?" Charles antwortete, ohne zu zögern:

„Mit Tinte und Feder. Wir haben die heiligen Texte auf Pergament kopiert. Aber ich habe oft Fehler gemacht, und der Abt war wütend auf mich."

Je weiter sie gingen, desto mehr schien Charles sich zu erinnern. Er führte seine Familie in eine kleine Kapelle innerhalb der Abtei und blieb vor einem Altar stehen. „Hier haben wir die Messe gehalten", sagte er mit einer Stimme, die älter klang als seine sieben Jahre. „Und dort hinten, hinter der Tür, war der Raum, in dem wir die Manuskripte aufbewahrt haben."

Seine Eltern waren sprachlos. Sie hatten Charles nie von mittelalterlichem Klosterleben erzählt, und er hatte nichts darüber in der Schule gelernt. Doch seine Beschreibungen waren so präzise, dass es schwerfiel, sie als bloße Fantasie abzutun.

Später, als sie durch die engen Gassen des Dorfes unterhalb der Abtei schlenderten, hielt Charles plötzlich inne und zeigte auf eine Ruine. „Hier war früher eine Küche", sagte er. „Ich mochte es, wenn wir Brot gebacken haben, aber ich durfte es nur selten davon essen."

Die Eltern beschlossen, mehr über die Geschichte von Mont Saint Michel zu erfahren, und entdeckten, dass viele der Details, die Charles erwähnt hatte, tatsächlich mit dem Leben der Mönche im Mittelalter übereinstimmten. Besonders seine Beschreibung der Kapelle und der Manuskriptkammer war verblüffend genau.

In den Wochen nach dem Ausflug sprach Charles weiterhin von seinem Leben auf Mont Saint Michel, doch mit der Zeit wurden seine Erinnerungen weniger klar. Als er älter wurde, verblassten die Geschichten, bis er sich kaum noch daran erinnern konnte.

Für seine Eltern blieb die Erfahrung jedoch ein unerklärliches Rätsel. Hatte ihr Sohn wirklich Erinnerungen an ein früheres Leben, oder war es eine kindliche Fantasie, die auf unerklärliche Weise so detailreich war? Die Geschichte von Charles ließ sie jedenfalls daran glauben, dass es mehr zwischen Himmel und Erde geben könnte, als sie je zu träumen gewagt hätten.

Clara

Die kleine Clara war gerade einmal sechs
Jahre alt, als ihre Familie beschloss, eine Reise
nach Spanien zu machen. Die Eltern liebten
historische Städte, und so führte ihr Weg sie
nach Cáceres, einer Stadt mit verwinkelten
Gassen und mächtigen Mauern, die noch
heute vom Glanz vergangener Zeiten zeugen.
Doch sie ahnten nicht, dass diese Reise für
ihre Tochter zu einem zutiefst bewegenden
Erlebnis werden würde.
Kaum hatten sie die Altstadt von Cáceres
betreten, schien Clara wie verwandelt. Sie
hielt abrupt inne, sah sich um und flüsterte:
„Ich kenne diesen Ort. Ich war hier schon
einmal." Die Eltern lächelten nachsichtig,
dachten, sie habe vielleicht etwas Ähnliches in
einem Buch oder Film gesehen. Doch als sie
weitergingen, wurde Clara immer aufgeregter.
Sie begann, die Familie zu führen, als wüsste
sie genau, wohin sie wollte.

Vor einer alten Steintreppe blieb sie stehen
und sagte: „Diese Stufen hier führen zur
Burg. Dort lebte ein Ritter, den ich kannte.

Er hieß Don Álvaro." Ihre Mutter schaute erstaunt zu ihrem Mann, denn niemand in der Familie hatte jemals von einem Don Álvaro gesprochen. Doch Clara sprach weiter, als würde sie Erinnerungen hervorrufen, die lange in ihr geschlummert hatten. „Ich war eine Magd", sagte sie leise. „Ich habe in der Küche gearbeitet und Brot gebacken. Aber ich durfte die oberen Gemächer nie betreten."

Die Eltern waren sprachlos, besonders als Clara begann, sich zu orientieren, als hätte sie eine innere Landkarte. „Dort hinten war ein Brunnen, und neben ihm standen immer Krüge. Wir haben das Wasser von dort geholt." Tatsächlich entdeckten sie wenig später einen alten Brunnen, genau an der Stelle, die Clara beschrieben hatte. Niemand in der Familie wusste, dass dieser Brunnen existierte, und auch die Reiseführer hatten ihn nicht erwähnt.

An einem Platz mit einer alten Kapelle blieb Clara stehen. Ihre Augen füllten sich mit Tränen. „Hier haben wir gebetet, bevor wir die Stadt verlassen mussten", sagte sie. „Es gab einen Krieg, und alle hatten Angst." Die

Eltern fühlten eine Gänsehaut. Sie hatten vor der Reise über die mittelalterliche Geschichte von Cáceres gelesen, die von Eroberungen und Kämpfen geprägt war, aber Clara konnte davon nichts wissen.

Im Laufe der Reise erzählte Clara immer wieder von kleinen Details. Sie sprach von einer alten Frau namens „Teresa", die ihr das Brotbacken beigebracht habe, und von einem Hund, der sie oft in der Küche besucht habe. Diese Geschichten waren so lebendig und klar, dass es unmöglich schien, sie einfach als Fantasie abzutun. Die Familie beschloss, einen Historiker vor Ort zu fragen, und er bestätigte, dass einige von Claras Beschreibungen mit der Geschichte der Stadt exakt übereinstimmten.

Am letzten Tag der Reise kehrten sie noch einmal zur Burg zurück. Clara sah lange auf die Mauern, dann drehte sie sich zu ihren Eltern um und lächelte. „Ich bin froh, dass ich hierher kommen durfte", sagte sie.

Ihre Eltern waren sich sicher, dass sie ein unerklärliches Phänomen erlebt hatten. Für Clara schien es, als habe sie mit der Reise nach Cáceres einen Kreis geschlossen, und danach sprach sie nur noch selten von ihren Erinnerungen. Doch ihre Geschichte blieb in der Familie lebendig, ein Rätsel, das immer wieder die Frage aufwarf, wie viel wir wirklich über die Seele und die Zeit wissen.

Harald Anfang vierzig

Harald war ein unscheinbarer Mann Anfang vierzig, der in einem kleinen Dorf lebte und ein ruhiges Leben führte. Niemand hätte gedacht, dass er eines Tages mit einer Erzählung für Aufsehen sorgen würde, die selbst den skeptischen Erzbischof Joachim Meisner ins Grübeln brachte.

Es begann, als Harald mit einer Pilgergruppe den Kölner Dom besuchte. Während die anderen Touristen ehrfürchtig die Architektur bewunderten, blieb Harald vor einem bestimmten Altar stehen. Sein Blick wurde glasig, und er begann, leise zu murmeln: „Hier habe ich früher die Messe gelesen." Zunächst hielten ihn die anderen für einen Scherzbold oder jemanden, der sich interessant machen wollte. Doch als er begann, präzise Details über den Altar und die liturgischen Riten des Mittelalters zu schildern, die er unmöglich wissen konnte, verstummte die Gruppe.

Harald erzählte, dass er vor vielen
Jahrhunderten Priester in Köln gewesen sei,
in einer Zeit, in der die Kirche politisch
mächtig, aber auch innerlich zerrissen
gewesen sei. Er sprach von einer Zeit, in der
er selbst an Glaubenszweifeln litt, geplagt von
der Frage, ob die Institution Kirche wirklich
den Willen Gottes repräsentierte. Er
berichtete von einer inneren Zerrissenheit,
von Konflikten mit anderen Klerikern und
von einem Leben, das er schließlich in Demut
und Einsamkeit beendet habe.

Die Geschichten verbreiteten sich rasch, und
eines Tages lud ihn Erzbischof Joachim
Meisner persönlich ein, in einem privaten
Gespräch mehr über seine Erinnerungen zu
erzählen. Skeptisch, aber neugierig, wollte der
Erzbischof herausfinden, ob Harald
tatsächlich etwas Substantielles zu berichten
hatte. Zu Beginn des Treffens musterte
Meisner den Mann streng. Doch als Harald
begann, sich mit einer fast beängstigenden
Präzision an liturgische Details, längst
vergessene Bräuche und die politischen
Intrigen der damaligen Zeit zu erinnern,

wandelte sich die Skepsis des Erzbischofs in Faszination.

„Es gab damals einen Streit um die Reliquien des Heiligen Severin", sagte Harald plötzlich. „Ich erinnere mich, dass ich dagegen war, sie zu verschieben. Ich sagte, es würde Unglück bringen." Der Erzbischof starrte ihn an. Diese Episode war nicht nur in den offiziellen Aufzeichnungen der Kirche erwähnt, sondern auch in einem seltenen Manuskript, das nur wenigen Gelehrten bekannt war.

Am Ende des Gesprächs saß Meisner nachdenklich in seinem Stuhl. „Was Sie erzählen, Herr Harald, ist schwer zu glauben. Und doch gibt es eine Authentizität in Ihren Worten, die mich nachdenklich stimmt." Harald antwortete mit einem Lächeln: „Ich will niemanden überzeugen. Vielleicht sind das nur Träume, vielleicht aber auch Erinnerungen. Doch eines weiß ich: Der Glaube war damals wie heute eine Frage des Herzens."

Nach diesem Treffen verließ Harald die Aufmerksamkeit der Öffentlichkeit und zog sich in sein stilles Leben zurück.

Marie 38 Jahre

Marie war 38 Jahre alt, als die Erinnerungen
begannen, und sie kamen ohne Vorwarnung.
Eines Nachmittags saß sie in einem
Straßencafé in Prag, eine Stadt, die sie zum
ersten Mal besuchte. Die engen Gassen, die
gotischen Türme und das Spiel der Sonne auf
der Straße wirkten seltsam vertraut, als ob sie
diesen Ort schon immer gekannt hätte.
Während sie ihren Kaffee trank, fiel ihr Blick
auf eine alte Kirche in der Nähe. Ein
seltsames Gefühl überkam sie, eine Mischung
aus Wärme und Traurigkeit, und ohne
nachzudenken, stand sie auf und ging darauf
zu.

Als Marie die Schwelle der Kirche überquerte,
durchzuckte sie ein intensiver Gedanke: „Ich
habe hier gelebt." Die Worte kamen, ohne
dass sie wusste, woher. Sie wanderte durch
das kühle Kirchenschiff, und plötzlich sah sie
sich selbst. Nicht im Spiegel, sondern in
ihrem Geist. Eine Frau, gekleidet in einfache
Leinenkleider, mit einem Tuch über dem

Haar, kniete vor dem Altar. Sie wusste nicht, wie, aber sie war sicher, dass diese Frau sie selbst war – in einer anderen Zeit.

Die Visionen kamen wellenartig, begleitet von einer Fülle von Emotionen. Sie war eine Heilerin gewesen, eine Kräuterfrau, die den Armen half, Krankheiten zu lindern. Ihre Tage verbrachte sie mit dem Sammeln von Kräutern und dem Mischen von Tinkturen, doch es war kein leichtes Leben. Die Kirche war für sie Zuflucht und Gefahr zugleich. Sie erinnerte sich an die kalten Blicke der Priester, die sie der Hexerei verdächtigten, und an die Angst, die sie bei jeder Messe überkam, wenn die Predigten sich gegen „Ketzer" richteten.

Ein bestimmter Moment stach hervor: Eine kalte Nacht, in der sie vor einer wütenden Menge fliehen musste. Sie war gefasst worden, erinnert sich Marie, und man hatte sie verhört. Doch ein junger Priester, dessen Gesicht sie in ihrer Vision nur undeutlich sah, hatte ihr geholfen zu entkommen. Sie hatte Prag verlassen müssen, um ein neues Leben zu beginnen, doch die Stadt blieb immer in ihrem Herzen.

Marie wusste nicht, was sie mit diesen Erinnerungen anfangen sollte. Sie hatte nie an Reinkarnation geglaubt und war rational genug, um sich selbst in Frage zu stellen. Doch die Bilder waren so lebendig, die Gefühle so intensiv, dass sie sie nicht einfach abtun konnte. Sie begann, Bücher über die Geschichte Prags und das Mittelalter zu lesen, und immer wieder stieß sie auf Details, die mit ihren Visionen übereinstimmten.

Eines Tages, während sie einen historischen Bericht las, fand sie den Namen eines Priesters, der im 14. Jahrhundert dafür bekannt war, sich für die Verfolgten einzusetzen. Sein Name war Pater Jan, und Marie war sich sicher, dass er der junge Priester war, der ihr damals geholfen hatte. Sie besuchte sein Grab in einer kleinen Kapelle außerhalb der Stadt und spürte eine tiefe Ruhe, als hätte sie endlich einen Kreis geschlossen.

Marie erzählte nur wenigen Menschen von ihren Erfahrungen, doch sie trugen in ihrem Leben dazu bei, sie zu verändern. Sie begann, sich stärker für Naturheilkunde zu interessieren, als hätte sie ein altes Wissen

wiederentdeckt. Ob die Erinnerungen wahr
waren oder nicht, spielte am Ende keine
Rolle. Für sie fühlte es sich an, als hätte sie
einen Teil von sich selbst wiedergefunden,
der lange verloren war.

London

Als er die Straßen Londons entlangging, hatte er ein merkwürdiges Gefühl. Es war sein erster Besuch in der Stadt, und doch hatte er das seltsame Gefühl, dass er hier bereits alles kannte. Seine Schritte führten ihn wie von unsichtbarer Hand geleitet über Kopfsteinpflaster, das sich unter seinen Schuhen vertraut anfühlte. Die Geräusche der Stadt verschwammen um ihn herum, das Hupen der Taxis, das Murmeln der vorbeieilenden Menschen, und wurden ersetzt durch etwas anderes. Etwas Altes. Etwas, das tief in ihm schlummerte. Ohne bewusst zu entscheiden, bog er in eine kleine Seitengasse ein. Die Häuser dort wirkten wie aus einer anderen Zeit, mit ihren schiefen Fassaden und winzigen Fenstern, durch die kaum Licht fiel. Plötzlich überkam ihn eine Erinnerung. Ein Bild blitzte in seinem Kopf auf, so klar, als wäre er dort gewesen. Er sah sich selbst, gekleidet in einen langen, abgetragenen Mantel, mit zerzaustem Haar und einer Laterne in der Hand. Die Nacht war kalt und neblig, und er wartete auf jemanden. Auf wen? Das Bild flimmerte und verschwand, aber das Gefühl blieb. Er wusste, dass er hier gestanden hatte. An genau diesem Ort. Sein ganzer Körper zitterte und er setzte seinen Weg fort, ohne zu wissen, warum er sich so sicher fühlte, dass es noch mehr zu entdecken gab. Eine unbewusste Kraft zog ihn weiter, bis er vor einem alten Pub stand. The King's Crown stand in verblassten Lettern über der Tür. Sein Herz begann zu rasen. Er öffnete die schwere Holztür und trat ein. Der Raum war gedämpft beleuchtet, und der Duft von Bier und Holzrauch hing in der Luft. Er sah sich um, suchte nach etwas, das er nicht benennen konnte. Ein plötzlicher Schauer überlief ihn, als sein Blick auf einen Tisch in der Ecke fiel. Er ging langsam darauf zu. Die Beine wollten ihn kaum tragen. Es war, als hätte die Zeit angehalten, und doch wusste er genau, was gleich geschehen würde. Er setzte sich auf die abgenutzte Holzbank und schloss die Augen. Und dann war es da. Ein Strom von Bildern überrollte ihn, Erinnerungen, die nicht seine sein konnten und doch so real waren wie die Luft, die er atmete. Er sah sich selbst, jünger, als er jetzt war, und doch mit demselben Gesicht. Er war Schriftsteller gewesen, erkannte er, und hatte seine Tage genau hier verbracht, mit einem Glas Ale in der einen und einer Feder in der anderen Hand. Er hatte über ein Leben geschrieben, das er nie gekannt hatte, oder zumindest glaubte er das damals. Sein früheres Ich hatte nach Antworten gesucht, genau wie er jetzt, und sie in den Geschichten gefunden, die er erzählte. Die Bilder verblassten, und er öffnete die Augen. Der Raum hatte sich nicht verändert, und doch war alles anders. Er wusste nun, dass er hierhergehörte, nicht nur heute, sondern schon immer. London war nicht nur eine Stadt, die er besuchte. Es war ein Teil von ihm, tief in seiner Seele verankert. Er atmete tief durch und wusste, dass dies erst der Anfang war. Es gab mehr Erinnerungen, die darauf warteten, entdeckt zu werden, mehr Orte, die ihn rufen würden. Und er würde ihnen folgen, wohin sie ihn auch führten.

Klaus der Fischer

Klaus, ein Fischer von der Insel Rügen, war gerade dabei, seine Netze zu flicken, als ein leises, kaum wahrnehmbares Rascheln vom Strand herüberwehte. Er schaute auf und erblickte eine Gestalt, die sich langsam durch den Morgennebel auf ihn zubewegte. Der Mann trug eine Kleidung, die aussah, als sei sie direkt aus einem anderen Jahrhundert entsprungen – ein grober Leinenkittel, eine hohe Seemannsmütze und schwere Lederstiefel.

„Entschuldige, junger Mann," begann der Fremde mit einer Stimme, die zugleich fremd und doch merkwürdig vertraut klang. „Bist du Klaus, der Fischer?"

Klaus richtete sich auf, das Netz in seinen Händen vergessen. „Ja, der bin ich. Wer fragt danach?"

Der Mann zögerte, als wäre er unsicher, wie er die Antwort formulieren sollte. „Mein Name ist Johann., Johann Kröger. Ich denke … ich bin dein Ur, Ur, Ur-Großvater."

Klaus starrte ihn an, fassungslos. Ein fremder Mann, der behauptete, seit langer Zeit tot zu sein? Das musste ein Scherz sein. Doch bevor er antworten konnte, zog Johann ein altes Medaillon hervor. Darin war das eingravierte Wappen der Kröger-Familie zu sehen, das Klaus von einem verstaubten Dokument in der alten Truhe seiner Eltern kannte.

„Das ist unmöglich …" flüsterte Klaus.

„Ich verstehe deinen Zweifel," erwiderte Johann. „Aber ich bin hier, weil unsere Familie ein Geheimnis birgt, das seit Jahrhunderten von Generation zu Generation weitergegeben wurde. Es wird Zeit, dass du davon erfährst."

Klaus zögerte, doch dann lud er Johann ein, ihm in die kleine Fischerhütte zu folgen. Dort, am knisternden Kaminfeuer, begann Johann zu erzählen. Er sprach von den ersten Krögers, die im 17. Jahrhundert auf der Insel Rügen siedelten, von ihrem Leben als Fischer und Seeleute. Doch er sprach auch von einer Legende, die sie seit Generationen begleitete: Ein uralter Fluch, der jedem Erstgeborenen der Familie einen übernatürlichen Sinn verlieh. Einige konnten die Gezeiten lesen wie ein Buch, andere hatten Träume, die ihnen von nahenden Stürmen erzählten.

„Und was ist mein Geschenk?" fragte Klaus, die Worte des alten Mannes mit zunehmender Faszination aufsaugend.

„Deine Seele ist mit dem Meer verbunden, Klaus," sagte Johann. „Du trägst eine Verantwortung. Es liegt an dir, die Balance zu wahren – zwischen den Menschen und den Tiefen, die sie so oft missachten. Deshalb bin ich hier. Die See hat mich geschickt, um dich vorzubereiten."

Plötzlich zerriss ein donnerndes Krachen die Stille. Ein gewaltiger Sturm zog über das Meer heran, wie aus dem Nichts. Johann erhob sich mit einer Energie, die seinem Alter widersprach. „Das ist eine Prüfung, Klaus. Die See ruft. Folge deinem Instinkt."

Klaus zögerte keine Sekunde. Gemeinsam liefen sie hinaus, in den peitschenden Wind. Der alte Mann schien jede Welle, jeden Luftzug vorauszusehen, und Klaus spürte, wie in ihm eine neue Sensitivität erwachte. Er lenkte sein Boot hinaus in den Sturm, um eine kleine Gruppe von Fischern zu retten, die in der Nähe der Klippen gestrandet war. Mit einem Geschick, das ihm vorher fremd war, navigierte er durch die tobenden Fluten.

Als er zurückkehrte, war Johann verschwunden. Zurück blieb nur das alte Medaillon, das auf dem Bug seines Bootes lag. Klaus hielt es fest in der Hand, als der Sturm sich legte und die Morgensonne die See in ein goldenes Licht tauchte.

Von diesem Tag an wusste Klaus, dass sein Leben nie mehr dasselbe sein würde. Er hatte nicht nur seine Wurzeln entdeckt, sondern auch eine Aufgabe, die weit über sein eigenes Leben hinausging. Und tief in seinem Inneren spürte er die Verbindung – zu Johann, zu seinen Vorfahren und zu dem endlosen, geheimnisvollen Meer.

Maria und der Kristall

Der Wind fegte durch die alten
Buchenwälder, die das kleine Fischerdorf
umgaben, und trug ein geheimnisvolles
Flüstern mit sich. Maria, eine junge Frau mit
langen, dunklen Haaren und grübelndem
Blick, saß auf einem Felsvorsprung am Rand
der Klippen und starrte in die unruhigen
Wellen. Seit Wochen hatte sie denselben
Traum: eine Gestalt, eingehüllt in Nebel, die
ihren Namen flüsterte und sie aufforderte,
„heimzukehren". Doch sie war nie fort
gewesen.

An diesem Abend wirkte das Meer besonders
ruhelos. Es grollte tief, fast als wollte es etwas
sagen. Plötzlich bemerkte Maria eine Gestalt,
die sich vom Wasser her auf die Klippen
zubewegte. Ihre Kleidung war feucht, aber
ihre Haltung aufrecht und entschlossen. Der
Fremde hatte eine Aura, die Maria gleichzeitig
verunsicherte und anzog.

„Maria," sagte er, und seine Stimme klang wie
der Wind selbst. „Ich bin gekommen, um dir

etwas zu zeigen. Dein Herz kennt die Wahrheit, aber dein Verstand hat sie vergessen."

„Wer bist du?" fragte sie, die Augen zusammengekniffen. „Ich kenne dich nicht."

„Doch, das tust du," antwortete er mit einem leichten Lächeln. „Mein Name ist Lior, und ich bin Teil von dir. Dein Ahne, der einst mit diesen Wellen gesprochen hat. Ich habe viele Leben gesehen, Maria. Und deins ist besonders. Du trägst eine Aufgabe in dir, die größer ist als alles, was du dir vorstellen kannst."

Maria wollte lachen, doch etwas in seiner Stimme hielt sie davon ab. „Was für eine Aufgabe?" fragte sie schließlich.

„Du bist der Schlüssel zu einer uralten Verbindung zwischen den Menschen und der See. Unsere Familie hat seit Generationen die Gabe, die Sprache des Wassers zu verstehen. Doch diese Verbindung ist bedroht. Die Menschen haben sich von der Natur entfremdet, und das Meer wird bald seine Geduld verlieren."

Maria schüttelte den Kopf. „Ich bin nur eine einfache Frau. Was könnte ich tun?"

Lior trat näher, und seine Augen funkelten wie die Sterne. „Hör zu, Maria. In der Tiefe des Meeres ruht ein Kristall, der das Gleichgewicht der Elemente bewahrt. Wenn er verloren geht, wird das Wasser wild und unbändig. Aber nur jemand mit deinem Blut kann ihn bergen."

„Das ist verrückt," flüsterte sie, doch ein Teil von ihr glaubte ihm.

„Geh morgen zum alten Schiffswrack an der Küste. Dort wirst du den Weg finden," sagte Lior, bevor er sich umdrehte und in den Nebel verschwand.

Am nächsten Morgen zog Maria los. Sie fand das Wrack, ein verrottetes Holzgeripppe, das halb im Sand vergraben war. Als sie nähertrat, bemerkte sie ein seltsames Leuchten, das aus einer zerborstenen Luke kam. Ihr Herz schlug schneller, doch sie folgte dem Licht.

Im Inneren fand sie eine seltsame Karte, die in die Planken eingraviert war, und einen Satz: „Finde den Atem des Ozeans." Maria spürte, wie sich etwas in ihr regte – eine

Erinnerung, die nicht ihre eigene war. Bilder von Tauchgängen in dunklen Tiefen, von einem Kristall, der in einer Unterwasserhöhle ruhte, überfluteten ihren Geist.

Ohne zu zögern kehrte sie ins Dorf zurück, lieh sich eine Taucherausrüstung und machte sich bereit. Als sie ins Wasser glitt, spürte sie eine seltsame Vertrautheit, als wäre sie immer ein Teil davon gewesen. Die Welt unter der Oberfläche war still, doch in ihrem Kopf erklang eine Melodie, die sie weiterführte.

Nach Stunden des Tauchens fand sie die Höhle, und dort, umgeben von schimmernden Korallen, lag der Kristall. Doch als sie ihn berührte, strömte eine unbeschreibliche Energie durch ihren Körper. Sie sah Bilder von vergangenen Leben, von Ahnen, die mit den Wellen gekämpft und mit ihnen getanzt hatten. Und sie verstand: Sie war nicht nur eine einfache Frau. Sie war das Band zwischen Mensch und Natur.

Als Maria an die Oberfläche zurückkehrte, war der Sturm, der zuvor am Horizont gedroht hatte, verschwunden. Das Meer lag still und klar, und die Sonne spiegelte sich in der ruhigen See. Der Kristall ruhte in ihrer Hand, und in ihrem Herzen wusste sie: Die Verbindung war wiederhergestellt. Doch ihre Aufgabe hatte gerade erst begonnen.

Helga und ihre Großmutter

Es war ein stiller Herbstnachmittag, als Helga den Friedhof betrat. Mit einem Strauß Chrysanthemen in der Hand schritt sie den schmalen Kiesweg entlang, bis sie vor dem Grab ihrer Großmutter stehen blieb. Der Grabstein war schlicht, mit eingravierten Worten: „In liebevoller Erinnerung an Anna Reimers – eine Seele wie ein Lichtstrahl."

Helga legte die Blumen auf den Grabstein und strich mit der Hand über die kalte Inschrift. „Hallo, Oma," flüsterte sie. „Ich hoffe, es geht dir gut … wo auch immer du bist." Ein leiser Seufzer entkam ihren Lippen.

Plötzlich spürte sie etwas – ein Knistern in der Luft, als würde der Wind selbst den Atem anhalten. Als sie aufsah, stand dort eine Gestalt. Eine Frau, die aus Licht und Schatten zu bestehen schien, und doch waren ihre Züge unverkennbar. Es war Anna, ihre Großmutter, genau so, wie Helga sie in Erinnerung hatte: warmes Lächeln, sanfte

Augen, die jede Sorge fortzuwischen schienen.

Helga stolperte einen Schritt zurück, die Hand vor den Mund geschlagen. „Das … das kann nicht sein," stotterte sie.

Die Gestalt sprach mit einer Stimme, die wie ein ferner Glockenklang klang. „Helga, mein liebes Kind. Hab keine Angst. Ich bin es wirklich ."

„Aber … du bist tot … seit über zwanzig Jahren."

Ein Lächeln huschte über das Gesicht der Erscheinung. „Ja, das bin ich. Doch manchmal, wenn die Liebe stark genug ist, finden Seelen einen Weg zurück, wenn sie gebraucht werden."

„Warum bist du hier?" fragte Helga, ihre Stimme kaum mehr als ein Flüstern.

Anna neigte den Kopf leicht zur Seite, ihre Augen voller Milde. „Du hast dich verloren, meine Kleine. Ich habe dein Kämpfen gespürt, dein Zweifeln. Du fragst dich, ob du den richtigen Weg gehst, ob deine Entscheidungen richtig waren."

Tränen traten Helga in die Augen. „Ja … ich weiß nicht mehr weiter, Oma. Es ist alles so schwer. Der Job, die Familie, ich … ich weiß nicht, wer ich bin."

Die Gestalt trat näher, und Helga spürte keine Angst mehr, nur eine tiefe, unerklärliche Wärme. „Hör auf dein Herz, Helga. Die Antworten liegen dort. Du bist stärker, als du glaubst, und das Leben hat einen Weg, dir die Richtung zu zeigen. Du musst nur vertrauen."

„Aber wie?" fragte Helga verzweifelt.

„Indem du loslässt," antwortete Anna. „Loslassen bedeutet nicht, zu vergessen. Es bedeutet, den Schmerz nicht dein Leben bestimmen zu lassen. Deine Familie braucht dich, und du bist für sie das Licht, das ich für dich war."

Ein plötzlicher Windhauch wirbelte die Blätter auf, und als Helga blinzelte, war die Gestalt ihrer Großmutter verschwunden. Nur ein sanftes Flüstern hallte nach: „Ich bin immer bei dir."

Helga blieb noch lange vor dem Grab stehen, die Worte ihrer Großmutter in ihrem Herzen widerhallend. Als sie schließlich den Friedhof verließ, fühlte sie sich leichter, als hätte jemand die Last von ihren Schultern genommen. Der Weg vor ihr war immer noch voller Herausforderungen, aber sie wusste, dass sie nicht allein war. Und dass Liebe, selbst über den Tod hinaus, immer ihren Weg finden würde.

Annemie

Annemie stand in der Küche und beobachtete ihren Sohn Heiner, der am Tisch saß und konzentriert an einem Modellflugzeug bastelte. Sein Gesicht war ernst, seine Bewegungen bedacht und ruhig. Immer wieder blieb ihr Blick an seinen Augen hängen. Sie waren tiefblau, mit einem Ausdruck, der Annemie seltsam vertraut vorkam – wie ein Echo aus einer anderen Zeit.

„Heiner, wo hast du gelernt, so geduldig zu sein?" fragte sie schließlich.

Er sah auf, ein Lächeln spielte um seine Lippen. „Ich weiß nicht, Mama. Es fühlt sich einfach richtig an."

Annemie schüttelte den Kopf, aber das Gefühl blieb. Später, als sie durch alte Familienfotos blätterte, blieb sie bei einem Bild stehen. Es zeigte ihren Urgroßvater Friedrich, der in jungen Jahren an einem ähnlichen Modell gearbeitet hatte. Der Ausdruck in seinen Augen war derselbe.

Ein Schauer lief ihr über den Rücken.
Friedrich war bekannt gewesen für seine
Geduld, seine Liebe zum Detail und seine
unerschütterliche Ruhe. Doch er war schon
lange tot, bevor Heiner geboren wurde.

In den kommenden Wochen fielen ihr immer
mehr Ähnlichkeiten auf. Heiner erzählte von
Träumen, in denen er in einer Werkstatt
arbeitete, die er nie zuvor gesehen hatte, oder
von einer alten Melodie, die er auf der
Mundharmonika spielte, obwohl ihm
niemand das Instrument je beigebracht hatte.
Annemie begann, an etwas zu glauben, das sie
nie für möglich gehalten hatte: War es
möglich, dass Friedrichs Seele auf irgendeine
Weise in Heiner weiterlebte?

Eines Abends, als Heiner schon schlief, stand
Annemie an seinem Bett und beobachtete
ihn. In diesem Moment spürte sie eine tiefe
Ruhe, die sie lange vermisst hatte. Vielleicht
war es nicht wichtig, alle Antworten zu
kennen. Vielleicht war es genug zu wissen,
dass die Liebe und das Erbe der Ahnen
immer einen Weg fanden, weiterzuleben –
manchmal in den Augen eines Kindes,

manchmal in der Melodie einer
Mundharmonika.

Erinnerungen verblassen

Die Erinnerungen von Kindern und auch von Erwachsenen an ein früheres Leben scheinen oft mit der Zeit zu verblassen, und dafür gibt es verschiedene mögliche Erklärungen. Kinder, die sich an vergangene Leben erinnern, leben häufig in einem Zustand, in dem die Grenzen zwischen Vergangenheit, Gegenwart und Zukunft noch nicht klar definiert sind. Mit der Zeit verankert sich das Bewusstsein stärker in der aktuellen Realität, und die alltäglichen Erfahrungen, die sozialen Beziehungen und die Anforderungen des Lebens rücken in den Vordergrund. Dadurch treten frühere Erinnerungen allmählich in den Hintergrund.

Aus neurologischer Sicht verändert sich das Gehirn in den frühen Lebensjahren stark. Während sich das Langzeitgedächtnis entwickelt und neue Erfahrungen strukturiert werden, können diffuse Erinnerungen an vergangene Leben überschrieben oder verdrängt werden. Gleichzeitig lernen Kinder, dass ihre Umgebung solche Erinnerungen oft als Fantasie betrachtet. Diese Reaktionen der Erwachsenen können dazu führen, dass Kinder ihre Erlebnisse nicht mehr ernst nehmen oder sogar bewusst unterdrücken.

Eine spirituelle Perspektive legt nahe, dass das Vergessen früherer Leben Teil des natürlichen Prozesses der Inkarnation ist. Es wird oft angenommen, dass die Seele bei der Geburt einen „Schleier des Vergessens" erhält, um sich ganz auf die Aufgaben und Erfahrungen des aktuellen Lebens zu konzentrieren. Erinnerungen an frühere Leben könnten nur in den ersten Jahren durchschimmern, bevor dieser Schleier vollständig wirksam wird.

Manchmal könnten die verblassenden Erinnerungen auch ein Schutzmechanismus sein. Wenn frühere Leben mit schmerzhaften oder traumatischen Erlebnissen verbunden waren, könnte das kindliche Unterbewusstsein diese Erinnerungen verdrängen, um das emotionale Gleichgewicht zu bewahren. Außerdem verschiebt sich die Aufmerksamkeit mit dem Älterwerden von inneren Erlebnissen hin zu äußeren Anforderungen wie Schule, Freundschaften oder Hobbys. Diese Veränderungen im Fokus des Lebens lassen frühere Erinnerungen weniger relevant erscheinen, bis sie schließlich verblassen.

Das Vergessen dieser Erinnerungen mag ein natürlicher Teil der Entwicklung sein. Es könnte die Funktion haben, die Seele stärker auf die Erfahrungen und Aufgaben des gegenwärtigen Lebens auszurichten. Dennoch bleiben die frühen Erlebnisse oft als eine Art intuitives Wissen oder innere Weisheit erhalten, selbst wenn die konkreten Details nicht mehr bewusst abrufbar sind.

Beweise für das ewige Leben ?

Ob die Geschichten von Kindern oder auch von Erwachsenen, die sich an frühere Leben erinnern, als Beweis für ein ewiges Leben gelten können, hängt stark von der Perspektive ab, aus der man sie betrachtet. Für einige Menschen, die an die Reinkarnation glauben, sind solche Berichte ein Hinweis darauf, dass das Bewusstsein oder die Seele unabhängig vom physischen Körper existieren und nach dem Tod in einer neuen Form weiterleben. Doch ob diese Erlebnisse tatsächlich als Beweis gelten können, bleibt umstritten.

Aus spiritueller Sicht sind solche Erinnerungen faszinierend und können als starke Indizien für das Konzept eines ewigen Lebens gedeutet werden. Die präzisen Details, die Kinder oft nennen, und ihre emotionale Bindung zu diesen Erinnerungen machen es schwer, sie einfach als Fantasie oder Zufall abzutun. In diesem Licht betrachtet, sehen viele diese Geschichten als

Beleg dafür, dass die Seele Erfahrungen aus früheren Leben mitbringt und das Leben eine kontinuierliche Reise ist.

Aus wissenschaftlicher Sicht jedoch werden solche Berichte oft mit Vorsicht betrachtet. Die Psychologie bietet alternative Erklärungen an, wie etwa die Möglichkeit, dass die Erinnerungen durch unbewusste Einflüsse entstanden sind, etwa durch aufgeschnappte Geschichten, Bilder oder Informationen, die das Kind später in eigenen Worten wiedergibt. Andere Wissenschaftler verweisen auf das Phänomen der Kryptomnesie, bei dem sich jemand an eine Information erinnert, ohne zu wissen, woher sie stammt, und sie für eine eigene Erfahrung hält.

Für einen klaren wissenschaftlichen Beweis fehlen reproduzierbare und objektive Methoden, um die Existenz früherer Leben nachzuweisen. Selbst wenn Kinder Details schildern, die sie auf natürliche Weise nicht wissen könnten, bleibt immer Raum für Zweifel – sei es, dass solche Details zufällig richtig sind oder dass subtile Beeinflussungen von außen eine Rolle gespielt haben.

Letztlich liegt es im Auge des Betrachters, ob solche Geschichten als Beweis für ewiges Leben angesehen werden. Sie laden dazu ein, über die Natur des Bewusstseins und die Möglichkeit einer Existenz jenseits des physischen Lebens nachzudenken. Auch wenn sie keine unumstößlichen Beweise liefern, inspirieren sie viele Menschen dazu, die Grenzen der bekannten Realität infrage zu stellen und sich mit der Idee eines größeren Zusammenhangs auseinanderzusetzen.

Sich mit der Idee eines Zusammenhangs auseinanderzusetzen, bedeutet, die Grenzen der rein materiellen oder rationalen Sichtweise zu hinterfragen und sich der Möglichkeit zu öffnen, dass das Leben Teil eines umfassenderen, möglicherweise spirituellen Musters ist. Geschichten über Erinnerungen an frühere Leben oder andere unerklärliche Phänomene regen dazu an, die Existenz von Dingen zu erwägen, die über die direkte sinnliche Wahrnehmung hinausgehen.

Ein größerer Zusammenhang könnte bedeuten, dass unser Dasein nicht isoliert ist, sondern mit anderen Leben, Zeiten und

Dimensionen verbunden ist. Es lädt dazu ein, die Idee zu akzeptieren, dass das Bewusstsein mehr ist als das Gehirn und dass Erfahrungen wie Geburt, Leben und Tod Stationen eines größeren, zyklischen Prozesses sein könnten.

Diese Perspektive bringt nicht nur philosophische Fragen mit sich, sondern auch persönliche. Wenn das Leben eingebettet ist in einen größeren Plan, welchen Zweck erfüllen dann unsere Handlungen, Beziehungen und Herausforderungen? Welche Verantwortung tragen wir, wenn unsere Existenz Teil eines Netzwerks von Ursache und Wirkung ist, das weit über die Spanne eines einzigen Lebens hinausreicht?

Der Gedanke an einen größeren Zusammenhang kann tröstlich sein, weil er dem Leben Sinn und Tiefe verleiht. Gleichzeitig fordert er uns heraus, unseren Blickwinkel zu erweitern und uns mit der Ungewissheit zu versöhnen, dass wir die wahren Dimensionen dieses Zusammenhangs vielleicht nie vollständig verstehen werden. Es ist eine Einladung, sowohl das Mystische als auch das Wissenschaftliche als mögliche

Werkzeuge zu betrachten, um die Geheimnisse des Lebens zu ergründen.

Die Vorstellung von ewigem Leben und Reinkarnation existiert seit Tausenden von Jahren und ist tief in den Überlieferungen und Lehren vieler Religionen und Philosophien verwurzelt. Hier ein Überblick:

Ägyptische Religion ca. 3000 v Chr Im alten Ägypten wurde der Glaube an ein Leben nach dem Tod durch die Vorstellung eines Jenseits geprägt Die Erhaltung des Körpers durch Mumifizierung sollte die Seele für das ewige Leben im Reich der Toten bewahren

Mesopotamische Kulturen ca. 2000 v Chr Der Glaube an ein Schattenreich in dem die Toten existieren spiegelt frühe Vorstellungen eines jenseitigen Lebens wider

Judentum Bereits in den ältesten Schriften Tanach finden sich Hinweise auf ein Leben nach dem Tod Der Glaube an die Auferstehung und das ewige Leben entwickelte sich später insbesondere im

Zusammenhang mit den apokalyptischen Schriften

Christentum Die Idee des ewigen Lebens ist zentral basierend auf der Auferstehung Jesu Christi und der Hoffnung auf ein Leben in der Gegenwart Gottes nach dem Tod

Islam Der Koran beschreibt das ewige Leben im Paradies für Gläubige und ein Leben in der Hölle für die Verdammten

Reinkarnation

Hinduismus ca. 1500 v Chr Das Konzept von Samsara dem Zyklus von Geburt Tod und Wiedergeburt ist ein Grundpfeiler des Hinduismus Die Seele durchläuft verschiedene Leben bis sie Moksha Befreiung erreicht

Buddhismus 5 Jh v Chr Auch hier wird der Kreislauf von Wiedergeburten betont wobei das Ziel Nirvana ist die Befreiung von diesem Zyklus

Jainismus ca. 6 Jh v Chr Ähnlich wie im Hinduismus und Buddhismus wird der

Reinkarnationszyklus als zentraler Bestandteil des Lebens angesehen

Antikes Griechenland Philosophien wie die von Pythagoras 6 Jh v Chr und Platon 5 Jh v Chr griffen die Idee der Seelenwanderung auf Platon beschrieb die Unsterblichkeit der Seele und ihre Wiederverkörperung

Keltische und Germanische Religionen Auch diese Völker glaubten an die Wiedergeburt der Seele oft in anderen Körpern oder Formen

Fazit

Die Konzepte von ewigem Leben und Reinkarnation sind keine neuen Ideen sondern uralte Vorstellungen die seit Jahrtausenden in verschiedenen Kulturen und Religionen verankert sind Die genaue Interpretation und Bedeutung variieren doch sie alle bieten Antworten auf die grundlegenden Fragen nach dem Sinn des Lebens und dem Schicksal der Seele nach dem Tod.

Viele Kulturen und Glaubensrichtungen vertreten also die Ansicht, dass der Tod nicht das Ende, sondern der Beginn eines neuen Abschnitts im Leben der Seele ist. Sei es durch das Konzept der Wiedergeburt in der östlichen Philosophie oder die Vorstellung eines ewigen Lebens in der christlichen Tradition, der Gedanke, dass wir nach dem physischen Tod weiterexistieren, hilft vielen, ihre Ängste zu überwinden. In dieser Vorstellung ist der Tod kein endgültiger Abbruch, sondern vielmehr eine Transformation oder ein Übergang zu einer neuen Existenz.

Philosophen wie Platon haben sich mit der Unsterblichkeit der Seele beschäftigt und die Idee vertreten, dass unser innerstes Wesen nicht in den physischen Körper gebunden ist. Diese Sichtweise kann dabei helfen, die Angst vor dem Tod zu relativieren, da der Tod nur als das Ende des irdischen Lebens, aber nicht als das Ende des Seins betrachtet wird. Der Gedanke, dass das Leben einen tieferen Sinn hat, dass unsere Existenz über das, was wir sehen und anfassen können, hinausgeht, bietet uns die Möglichkeit, mit einem Gefühl von Frieden und Akzeptanz dem Thema Tod zu begegnen.

Es ist meine Hoffnung, dass die philosophischen und religiösen Betrachtungen in diesem Buch dazu beitragen, eine neue Perspektive auf den Tod zu gewinnen. Vielleicht wird die Vorstellung, dass der Tod nur ein Übergang ist, statt eines Endes, die Angst vor ihm verringern und uns dabei helfen, das Leben intensiver und erfüllter zu leben.

Was wäre, wenn ich dir sagen würde, dass der Tod nicht das Ende ist? Was, wenn es eine Wahrheit gibt, die uns davon befreit, in Angst vor dem Unausweichlichen zu leben?

In den Geschichten, die du in diesem Buch gefunden hast, möchte ich dir eine neue Perspektive bieten. Es geht um die Möglichkeit, dass wir nicht nur einmal leben, sondern dass unsere Seelen bereits viele Male auf dieser Erde gewandelt sind.

Durch die Erinnerung an vergangene Leben – sei es durch Visionen, Träume oder innere Erfahrungen – gibt es die Möglichkeit, den Schleier des Todes zu lüften und das ewige

Leben zu begreifen. Was, wenn deine Seele schon viele Male in verschiedenen Körpern gelebt hat? Was, wenn all die Ängste, die du heute spürst, nur vorübergehende Gefühle sind, die in einer endlosen Reihe von Leben und Erfahrungen nur einen Moment im größeren Bild ausmachen?

In den Geschichten dieser Erinnerungen werden wir gemeinsam durch die Zeit reisen und erfahren, dass das Leben mehr ist als nur der Augenblick, in dem wir gerade existieren. Die Erkenntnis, dass wir nicht nur einmal leben, sondern immer wieder in unterschiedlichen Formen und auf unterschiedlichen Wegen zurückkehren, gibt uns die Möglichkeit, die Angst vor dem Tod zu überwinden. Denn was wir als „Tod" empfinden, ist lediglich ein Übergang – eine Veränderung, ein Schritt hin zu einer neuen Erfahrung.

Die Erinnerungen an vergangene Leben sind der Schlüssel, um den Glauben an das ewige Leben wiederzufinden. Sie lassen uns verstehen, dass wir Teil eines größeren Zyklus sind, dass unsere Existenz nicht in einem Moment endet, sondern über die

Zeiten hinweg fortbesteht. Wenn du diese Gedanken in dir aufnimmst, wirst du erkennen, dass der Tod nur eine Illusion ist – ein vorübergehender Schatten auf dem Weg der Seele.

Ich möchte dir zeigen, wie du dich mit deinen eigenen Erinnerungen an frühere Leben verbinden kannst, um den Glauben an das ewige Leben zu stärken und dadurch die Angst vor dem Tod zu verlieren. Denn der Tod ist nicht das Ende – er ist nur ein Übergang in ein neues, unendliches Abenteuer.

Nachwort

Die Geschichten in diesem Buch kreisen um das Mysterium der Seelenwanderung, der Inkarnation und der Wiedergeburt. Sie sind Fenster in eine Welt, die uns daran erinnert, dass unsere Existenz vielleicht mehr ist als nur die Summe unserer Tage auf Erden. In jeder Erzählung spiegelt sich die Idee wider, dass die Seele, unvergänglich und beständig, einen Pfad wählt, der oft verborgen und doch spürbar ist.

Helga, die ihre Großmutter auf dem Friedhof wieder trifft, erfährt, dass die Liebe eine Brücke schlagen kann, die selbst der Tod nicht zerstören kann. Ihre Geschichte ist ein Zeugnis dafür, dass Erinnerungen und Bindungen niemals verloren gehen. Annemie wiederum erkennt in den Augen ihres Sohnes die Spuren eines Vorfahren. Hier zeigt sich, wie tief verwurzelt unsere Vergangenheit in der Gegenwart sein kann – wie das Erbe der Seele weitergegeben wird, oft ohne dass wir es bewusst erkennen.

Diese Geschichten laden ein, über das Sichtbare hinauszudenken. Sie fordern uns auf, den Schleier zwischen den Welten zu lüften und zu spüren, dass wir Teil eines größeren Ganzen sind. Ob wir an Wiedergeburt glauben oder nicht – die Idee, dass unsere Taten, unsere Liebe und unser Wesen fortbestehen, ist eine Botschaft von Hoffnung und Verbundenheit.

Möge dieses Buch ein Anstoß sein, sich auf die Reise zur eigenen Seele zu begeben – und dabei die Geschichten zu entdecken, die tief in uns allen verborgen liegen.

Danksagung

Dieses Buch wäre nicht entstanden ohne die Unterstützung und Inspiration vieler Menschen, die mich auf meinem Weg begleitet haben. Mein besonderer Dank gilt meinem Schatz, der immer wieder mit Rat und Tat an meiner Seite stand, mich ermutigte und mir half, die richtigen Worte zu finden. Deine Geduld, dein Verständnis und dein unerschütterlicher Glaube an mich haben dieses Werk erst möglich gemacht.

Ebenso danke ich all jenen, die mich mit Gesprächen, Ideen und Kritik inspiriert haben. Eure Einflüsse haben die Geschichten dieses Buches geprägt und bereichert. Danke, dass ihr Teil dieser Reise seid und dass ich meine Vision mit euch teilen durfte.

Dieses Buch ist all den Seelen gewidmet, die in uns weiterleben – und jenen, die den Mut haben, den Spuren des Unbekannten zu folgen.

Hinweis

Noch ein kurzer Hinweis, in eigener Sache, auf ein weiteres Buch von mir.

Es sind Kurzgeschichten, die sich ebenfalls mit der Seelenwanderung beschäftigen.

Die beiden Bücher sind fast zeitgleich erschienen.

Das Geheimnis früherer Leben

ISBN 9783769339468

Viel Spaß beim Lesen